1

Autorin: Christel Oostendorp

Neuauflage 2021, ISBN 9783753435794

1.Auflage 2013, 2. Auflage 2014, 3. Auflage 2021

Herstellung und Verlag: BoD – Books on Demand, Norderstedt

Titel: Quantenheilung Matrix-Harmonia

Der Plan von Gesundheit und Harmonie

Neue überarbeitete Auflage

Inhaltsverzeichnis

Vorwort

Das überarbeitete Buch enthält sämtliche Techniken, die praktikabel und übersichtlich dargestellt werden. Anleitungen, wie man die einzelnen Techniken bei verschiedenen Krankheiten wie z.B. Impfschaden, Miasmen, Krebs, Geburtstrauma, Schlaganfall, Übergewicht, Schmerzen und auch unterschiedlichen Lebenssituationen wie z.B. Partnerprobleme oder Kinderwunsch einsetzen kann; Beispiele aus der Praxis und die Erklärung, welche Macht unsere Gedanken haben, werden Sie, liebe Leserin, lieber Leser, auf den Weg der Selbstheilung führen oder medizinische Therapien unterstützen. Das Buch ersetzt nicht die Konsultierung eines Arztes.

Nach vielen Jahren heißt es nun langsam Abschied zu nehmen und jüngeren Kollegen und Kolleginnen, die ich ausbilden durfte, das Feld zu überlassen.

An Seminaren um Anwender/in oder auch Ausbilder/in zu werden, kann man weiterhin in vielen Städten teilnehmen.

Bocholt, den 05. Mai 2021

Christel Oostendorp, Bocholt

Wer bin ich?

Im Jahre 1956 bin ich in Dortmund geboren. Nach meiner Ausbildung landete ich irgendwann auf den Stuhl einer Chefsekretärin und habe bis zur Geburt meiner Söhne in diesem Beruf gearbeitet. Danach war ich für den reibungslosen Ablauf in unserer Familie zuständig und konnte in der Zeit viele Kenntnisse und Ausbildungen in dem Bereich der alternativen Medizin erlangen.

Meine beiden Söhne und mich ließ ich fast ausschließlich von einer Allgemeinmedizinerin homöopathisch behandeln, Familienstellen hatte ich kennengelernt und mich ausbilden lassen, meine Amalgamfüllungen in den Zähnen waren Vergangenheit, ich ernährte mich ausgewogen und versuchte Elektrosmog einzudämmen. Trotzdem fühlte ich mich irgendwann schlapp und mein Darm rebellierte. Weder Medizin, noch alternative Medizin, konnten mir helfen.

Dann durfte ich Matrix-Energetics (Richard Bartlett) kennenlernen und innerhalb von drei Anwendungen waren meine Beschwerden verschwunden. Ich erlernte diese Methode und erweiterte mein Wissen durch Matrix-Inform (Günter Heede). Durch die Quantenheilung erhielt ich einen Plan von Gesundheit und Harmonie und bemerkte eine erstaunliche „Verjüngung" und Erweckung meines Tatendrangs. Meine Ausrichtung stimmte sich immer mehr auf die positive Seite ein und Schritt für Schritt offenbarte sich mir die Welt der Energie immer deutlicher. Nach einigen Jahren erkannte ich, dass ich die Techniken, so wie ich sie erlernt hatte, nicht mehr nutzte. Ich hatte meinen eigenen Weg gefunden und dieser Methode den Namen „Matrix-Harmonia" (Patentamt Jena) gegeben. Mein Blick hatte sich mehr und mehr auf die Seele des Menschen gerichtet. Manchmal schaute ich bis in frühere Leben, um die Macht der Krankheit aufzulösen. Auch diese Technik finden Sie in diesem Buch.

Am Ende meines jetzigen Berufslebens möchte ich meine Erfahrungen und meine Techniken der letzten Jahre für alle Menschen durch dieses tiefer gehende Buch greifbar machen. Die Bücher der Jahre 2013 und 2014 waren nicht so umfangreich ausgelegt.

Nehmen Sie Ihre Gesundheit in die Hand und suchen sich einige Techniken aus, die Ihnen am besten zusagen. Sie können nichts falsch machen. Die Absicht, mit diesen Techniken auf die Gesundheit einzuwirken, ist schon der erste Schritt.

Ob Mensch, Tier, Pflanze, Wasser oder Nahrungsmittel – alle profitieren von dieser Methode. Sie bringen Blumen wieder zum Blühen oder energetisieren Wasser. Sie nehmen ihrer Katze die Blasenentzündung oder ihrem Baby die Koliken.

Was ist Quantenheilung

Wie erklärt man die Quantenheilung einfach?

Quantenheilung arbeitet mit sanfter Berührung und versetzt das vegetative Nervensystem sofort in einen Zustand, in dem tiefe Heilprozesse stattfinden.

Das Nervensystem schaltet unmittelbar auf Heilung um und kann all das reorganisieren, was nicht optimal funktioniert. Und das Erstaunliche daran ist, dass der Behandelte und der Behandler ein lang anhaltendes Wohlgefühl bekommen.

Quanten sind kleine Elementarteilchen, die schwingen und Informationen enthalten. Alles was wir sehen, besteht aus Atomen und Molekülen und diese bestehen aus den Elementarteilchen: Protonen, Neutronen, Elektronen. Diese wiederum tauschen untereinander Photonen und Neutrinos aus. Bringen wir es auf den

Punkt: Quanten sind Licht, Information und Welle in Schwingung.

Da wir auch aus Quanten bestehen, sind auch wir Licht, Information und Welle in Bewegung. Unsere unzähligen Zellen (Quanten) beinhalten Licht und Information. Alle Zellen eines Organismus enthalten die gleiche Erbinformation, mit Ausnahme der Geschlechtszellen und einiger Zelltypen, die ihren Zellkern während ihrer Entwicklung verlieren. In Zellen des Immunsystems wird sogar gezielt eine genetische Vielfalt erzeugt.

Bruce Harold Lipton (* 21. Oktober 1944 New York) ist ein US-amerikanischer Entwicklungsbiologe und Stammzellenforscher. Er trat besonders durch die Verbreitung des Gedankens hervor, dass die Genexpression durch die Umwelt, die Einstellungen und Gedanken eines Menschen beeinflusst werden können.

Durch die alternative Heilmethode Quantenheilung, haben wir die Möglichkeit, auf jede Zelle Kraft der Gedanken und mit einer erlernten Technik Einfluss zu nehmen. Wenn jede Zelle miteinander kommunizieren kann, dann können auch wir mit den Zellen kommunizieren (wie Bruce Lipton es feststellte).

Albert Einstein soll gesagt haben, dass er die kleinsten Teilchen zum Stillstand bringen kann, obwohl sie sonst immer in Bewegung sind (vereinfachte Erklärung). Unser ganzes Universum ist in ständiger Bewegung und verändert sich laufend. So wie auch wir uns ständig bewegen und verändern. Es sei denn, man legt seinen Focus auf einen Menschen (Zellen), Tier, Wasser, Blume, oder auf ein Ding oder eine Sache. Dann stockt es einen Moment, eine Welle kollabiert und gezielte Veränderung wird herbeigeführt. Dieses kurze Stocken ist der erwähnte Stillstand.

Quantenheilung ist also das Heilen der kleinen un-zähligen Quanten.

Wir, die aus Quanten bestehenden Menschen haben auch ein eigenes Quantenfeld. Jeder für sich sein eigenes Feld und diese Felder sind zusammengefasst in einem morphogenetischen Feld. In diesem Feld sind alle miteinander verbunden.

Was sind Morphogenetische Felder?

Morphe = Gestalt

Genese = Ursprung

Es geht keine Information eines Menschen verloren. Früher sagte man: „Alles wird in das „Goldene Buch Gottes" eingeschrieben. Heute spricht man von Quantenfeldern in Morphogenetischen Feldern, in denen alle Informationen eingeschrieben sind, die niemals verloren gehen. Ebenso werden die Informationen von Tieren dort gespeichert.

Der 1942 geborene Biologe Dr. Rupert Sheldrake leistete Pionierarbeit auf diesem Gebiet. Er gab dem Kind einen Namen. Eignet sich beispielsweise ein Angehöriger einer biologischen Gattung ein neues Verhalten an, wird das morphogenetische Feld verändert.

Behält er sein neues Verhalten lange genug bei, beeinflusst das die "morphische Resonanz", eine Wechselwirkung zwischen allen Gattungsangehörigen. Somit befinden sich das Universum und die morphogenetischen Felder in einem stetigen Wandel.

Ein Beispiel: Entdeckt eine Affengruppe in Afrika das Öffnen von Kokosnüssen mit einen scharfen Gegenstand, dann wird das im morphogenetischen Feld abgespeichert und andere Affengruppen auf einer entfernten Insel haben die Möglichkeit über das morphogenetische Feld an diese Informationen zu kommen und es umzusetzen. Das berühmteste Beispiel sind Vögel, die in Amerika begonnen haben, die Deckel von Milchflaschen aufzupicken. Die Verhaltensweise wurde beinahe zeitgleich bei Vögeln in Japan be-obachtet.

Ein weiteres Beispiel: Macht ein Wissenschaftler eine bisher unbekannte Entdeckung, fließt die Erfahrung seiner Entdeckung in das morphogenetische Feld der Menschheit ein. Forschern, die nach derselben Entdeckung suchen, wird es somit mittels des morphogenetischen Feldes erleichtert, den Durchbruch in ihrer Forschung zu erreichen. Ende des 19. Jahrhunderts erfand Rudolf Diesel den Dieselmotor. Nur wenige Stunden später gelang Friedrich August Haselwander die gleiche Erfindung. Doch sein Patentantrag kam zu spät und Diesel wurde berühmt.

Was haben die morphogenetischen Felder mit der Quantenheilung zu tun?

Morphogenetische oder auch Morphische Felder genannt, sind also Informationsfelder, in welchen die Basis-Informationen für jegliches Dasein enthalten sind. Die morphischen Felder basieren auf Licht und Information – daher werden diese auch Quantenfelder genannt. Alles was jemals gemacht oder gedacht wurde ist abrufbar aus diesen Feldern. Jedes Lebewesen hat ein solches Feld. Dieses Feld ist maßgeblich daran beteiligt, wie der Mensch sein Leben wahrnimmt. Da das Unterbewusstsein ein Teil dieses Feldes ist, sind auch alle unbewussten Konzepte ein Teil dieses Feldes. Und dieses erschafft eine gewisse Realität auf physischer, emotionaler und mentaler Ebene. Auf dieses Feld nehmen wir mit einer Technik Einfluss und bringen dadurch Veränderung. Gleichzeitig verändern sich die Zellen des Körpers. Genauso geschieht es bei der Familienaufstellung. Wir gehen in das morphogenetische Feld der Familie und verändern Schwachstellen. Höhere Schwingen heben niedrige Schwingungen auf.

Die Quelle allen Seins, die morphogenetischen Felder, beinhalten nicht nur die Informationen der Menschen, sondern alle Informationen des ganzen Universums. Wer macht es aber möglich, dass wir in diese Felder schauen und Informationen abrufen können? Da hat jeder seine eigene Vorstellung.

Ich stelle mir vor, dass in den höheren Dimensionen, höhere reine Wesen sind, die über das morphogenetische Feld die Informationen steuern. Wer oder was sind die höheren Dimensionen?

Dimensionen

In der klassischen (mechanischen) Physik gab es drei Dimensionen: Länge, Breite und Höhe, die der Mensch wahrzunehmen fähig ist. Mit Einstein kam die zeitliche vierte Dimension dazu, welche die Vereinigung von Raum und Zeit in einer einheitlichen vierdimensionalen Raumzeit beschreibt. Die fünfte Dimension ist eine Vereinigung von Relativitätstheorie und Quantentheorie. Die Physik geht darüber hinaus nicht auf die höheren Energien ein, aber auf weitere Dimensionen. Die Stringtheorie erklärt beispielsweise, warum die Schwerkraft im Verhältnis zu den anderen uns bekannten Kräften so schwach ist. Dazu muss es aber noch mindestens sechs andere Dimensionen geben. Der Physiker Burkhard Heim macht die 12. dimensionale Welt mathematisch berechenbar und vereint Materie und Geist und erkennt die höheren Dimensionen wie auch Albert Einstein als allumfassendes Bewusstsein an. Man spricht aber von dem Vorhandensein von mehr als 12 Dimensionen. Das darauf Eingehen an dieser Stelle würde den Rahmen sprengen. Bei Interesse kann man sich durch Quantenphysik etwas ausgiebiger informieren. Die normale Physik macht da die Toren dicht.

Die 3. Dimension

Die Realität, die wir wahrnehmen (Länge, Breite, Höhe) ist dreidimensional. Also leben wir in der 3. Dimension dreidimensional.

Die 4. Dimension

Die Dimension, in der keine Zeit existiert. Vergangenheit, Gegenwart und Zukunft sind eine Einheit nach Albert Einstein. Hier ist das morphogenetische Feld zu finden.

Die 5. Dimension und höher…..

In dieser Dimension befinden sich die höheren Energien, die wir für die Anwendungen anzapfen. Jeder mag es sich anders vorstellen. Urmatrix, Ursuppe, Gott, Engel. Zum Wohle ALLER wird diese Dimension agieren. Man kann die niedrigen Schwingungen durch diese höheren Schwingungen transformieren. In höheren Dimensionen können wir nicht nur unsere eigene aktuelle Frequenz wahrnehmen, sondern auch andere, die eben außerhalb unserer aktuellen raum-zeitlichen Wahrnehmung liegen.

Ich verbinde mich gedanklich mit der 5. Dimension und den darüber liegenden höheren Dimensionen für den Erhalt der Intuition und der Heilenergie. Spirituelle Menschen haben in diese Dimensionen hinein gefühlt und ihnen eine weitere Bedeutung zugeordnet. Mehr dazu unter der Technik Dimensionen.

Das reine Bewusstsein

Wie gelangt man ins reine Bewusstsein?

Bewusstsein ist nicht der logische Verstand oder Ego. Bewusstsein ist nicht an den Körper gebunden und kann Ort, Zeit und Dimensionen in Überlichtgeschwindigkeit wechseln. Unser Bewusstsein erhält über elektromagnetische Felder und Frequenzen Botschaften, die wir annehmen müssen.

Jeder unserer Gedanken steigt aus dem reinen Bewusstsein auf. Von Gedanke zu Gedanke rasend verpasst man das reine Bewusstsein dazwischen. Wenn unser bewusstes Gehirn denkt, dann entsteht, bis der nächste Gedanke kommt, eine kleine Lücke. Diese Lücke in den Gedanken ist reines Bewusstsein - die Erfahrung des „Nichts". In dem Moment, wo unser Verstand ausgeschaltet ist, sind wir uns nichts bewusst. Durch die Funkstille zwischen zwei Gedanken öffnen wir den Kanal, der die Aufnahme der Informationen aus dem Universum möglich macht. Erst jetzt wird Quantenheilung möglich, da wir Bewusstsein in einer sterblichen Hülle sind und uns an dieses Bewusstsein erinnern und nutzen.

Wie kann man dieses reine Bewusstsein für die Quantenheilung nutzen?

Wie in der Meditation muss der Verstand auch bei der Quantenheilung, auch Zwei-Punkt-Methode genannt, für einen Moment zum Stillstand gebracht werden. Der Geist muss geleert werden, um durch diese Lücke an die universellen Energien zu kommen. Die rechte Gehirnhälfte wird nunmehr in Anspruch genommen. Am Anfang benötigt man noch einige kleine Tricks – aber schon bald geht es so schnell wie ein "Fingerschnipp"!

Bei der Selbstanwendung oder Anwendung dieser Technik bei einer anderen Person, schließt man die Augen, verbindet sich gedanklich mit dem Universum, sucht sich zwei Stellen am Körper und legt die Hände auf. Von einer Hand zur anderen Hand visualisiert man einen Energiestrahl und stellt die Frage: „Was ist die beste Energie zur Heilung für mich oder für…?"

Nun muss das reine Bewusstsein herbeigeführt werden indem man lange auspustet oder einatmet, weil in diesem Moment das Denken ausgeschaltet ist. In diesem kleinen Moment, wird einem die entsprechende Technik wie zum Beispiel die Information „Starrheit lösen" gegeben. Man braucht die Information nicht laut aussprechen, weil es schon wirkt. Man nimmt die Hände vom Körper, um sich aus dem Geschehen zu nehmen und der Körper beginnt nun die Information zu verarbeiten. Jeder reagiert anders. Manche schwanken, manche weinen, manche wirft es buchstäblich um. Der Anwender dient nicht als Kanal, sondern stellt nur eine Verbindung zu den hohen Energien her. So kann sich keine Energie einer Person mit der einer anderen Person vermischen. Jeder bleibt geschützt. Der Anwender nimmt sich, sobald die Verbindung zu den hohen Energien stattgefunden hat, durch das wegnehmen der beiden Hände, die kurzfristig vor oder auf dem Körper des Klienten liegen, aus dem Geschehen.

Die Hände einer Mutter zum Beispiel, die auf dem Bauch eines Kindes mit Bauchweh liegen, geben durch die Absicht Hilfe zu geben, schon Linderung. Stellen Sie sich vor, wenn diese Mutter nun die Hände mit der Absicht und einer Technik einsetzt, was dann erst erreicht werden kann.

Das reine Bewusstsein umsetzen

Kurzanleitung für eine Anwendung, wenn ein Thema bekannt ist

1. Thema auswählen z.B. Knie.

2. Auf Lösung einstimmen z.B. mein Knie ist voll beweglich.

3. Beide Hände intuitiv auflegen und in Gedanken mit einem Energiestrahl verbinden.

4. Sich gedanklich mit dem Universum verbinden.

5. Ins reine Bewusstsein gehen (Gedanken kurz anhalten durch langes Ausatmen oder Einatmen, um die Gedankenlücke zu erhalten, damit in diesem Moment die Antwort, die Intuition, wahrzunehmen ist).

6. Hände loslassen und die Energiewelle durch den Körper ziehen lassen.

7. Dem Universum (den höheren Energien) danken.

Kurzanleitung für eine Anwendung mit unbekanntem Thema

1. Beide Hände intuitiv an zwei Stellen auflegen und in Gedanken mit einem Energiestrahl verbinden.

2. Sich gedanklich mit dem Universum verbinden.

3. Das Universum fragen, was die beste Technik für diesen Menschen für seine Heilung ist.

4. Ins reine Bewusstsein gehen.

5. Die Technik empfangen wie Energiefenster öffnen, Archetyp, Kraftwort, Früheres Leben usw.

6. Die entsprechende Technik eingeben.

7. Hände loslassen.

8. Danken.

Die Techniken

Phasenverschiebung

Bevor wir beginnen, heben wir jegliche Grenzen, Zeiten und Phasenverschiebungen auf mit der Welle und Information „Auflösen". Wenn Phasen verschoben sind, ist die Qualität der Information unklar und verwaschen. Sender und Empfänger sind schlecht aufeinander abgestimmt. Eine Aufhebung der Phasenverschiebung bringt Klarheit. Phasenverschiebungen kennen wir zum Beispiel aus der Physik und Mathematik. Wir müssen darüber nicht mehr wissen. Wir lösen einfach die Unstimmigkeit auf, um einen besseren Empfang zu haben.

Ich stelle mir vor, wie ich meine Hände um das ganze Universum lege und die Information eingebe:

Zeit und Raum auflösen, Phasenverschiebung aufheben, Frequenzen angleichen, ein- oder ausatmen und die Hände wegnehmen, Danken.

Jetzt habe ich über das morphogenetische Feld eine Klärung herbeigerufen.

Das Werkzeug - Unter Zuhilfenahme welcher Techniken löst man eine Welle aus?

Für die Quantenheilung benutzt man ein bestimmtes „Werkzeug", um noch effektiver die Energien einsetzen zu können. Werkzeuge sind zum Beispiel:

Miasmen harmonisieren, Archetypen, Energietore oder Energieportale, Energiefenster, Frequenznummern, Seeleneigenschaften aktivieren, Parallel-Universen, frühere Leben und mehr.

Erstaunliche Reaktionen sind schon während der Anwendung möglich und es wirkt immer nach. In meinen Seminaren der Stufen 1 bis 3 erklärte ich die Anwendung der nachfolgenden „Werkzeuge" für den Eigengebrauch oder zur beruflichen Nutzung. Die Teilnehmer erprobten die neuen Erfahrungen untereinander aus. Schon das 1. Seminar vermittelte den Zugang zu den universellen Energien. Die Teilnehmer untereinander fühlten am eigenen Körper und an der eigenen Seele das Nehmen und Geben. Meine Seminare waren auf das Wichtigste komprimiert, weil es z.B. nicht notwendig ist, die physikalischen Gesetze bis ins Kleinste kennenzulernen. Damit könnte man schon ein Tagesseminar ausfüllen. Ich wollte immer für jeden kostenmäßig erschwinglich und auf schnellem Wege den Zugang zu den universellen Energien ermöglichen. Ein Mensch, der z.B. an Krebs erkrankt ist, benötigt sofortige Hilfe, die er auch zuhause anwenden kann. Schon während des Seminars erfolgte bei jedem Teilnehmer eine Veränderung der Schwingung und der Grundstein zur Selbstheilung wurde gelegt; genial einfach und so wirksam. Für Personen, die noch tiefere Einblicke erhalten wollten, war die Teilnahme an einem 4. Seminar möglich.

Bei einer Selbstanwendung verbindet man sich mit den höheren Energien und fragt einmal nach der besten Energie für sich, gibt dann je nach Intuition das entsprechende „Werkzeug" ein und bedankt sich nach Abschluss der gesamten Anwendung beim Universum, dem kollektiven Bewusstsein. Bei einem Klienten fragt man, ob man sich mit ihm verbinden darf, fragt anschließend das Universum einmal nach der besten Energie und gibt dann das intuitiv erhaltene „Werkzeug" ein. Beginnen wir mit dem ersten Werkzeug.

12 Energiefenster öffnen

Um mit Energiefenstern zu arbeiten, stelle man sich ein Haus mit 12 Fenstern vor. Hinter jedem Fenster stecken spezielle Energien, die man abrufen kann.

1. Fenster= Depression/Lebensunlust
2. Fenster= Angst
3. Fenster= Trauer
4. Fenster= Schmerz
5. Fenster= Körper-Regenerierung
6. Fenster= Verzeihen
7. Fenster= Vertrauen/Selbstvertrauen
8. Fenster= Reinigung
9. Fenster= Lebensplan
10. Fenster= Erdung
11. Fenster= Anbindung an den Gegenpol
12. Fenster= Anbindung an die höheren Dimensionen

Legen Sie sich oder einem Klienten die Hände auf zwei Stellen am Körper auf, die Sie sich intuitiv aussuchen. Verbinden Sie Ihre Hände mit einem Energiestrahl, den Sie visualisieren, atmen tief ein oder aus und fragen die höheren Dimensionen nach dem richtigen Fenster, das geöffnet werden muss für die Heilung. Jetzt erhalten Sie eine Zahl von 1 bis 12 und nehmen die Hände weg.

Wenn Sie das 7. Energiefenster mit dem Thema Vertrauen/Selbstvertrauen wahrgenommen haben, wird es nun geöffnet und regelt im Körper den Mangel. Dieser Mensch hat ein großes Problem mit Vertrauen und Selbstvertrauen und das ist evtl. die Ursache, die hinter seinem körperlichen Symptom liegt.

Zu 11: Alles hat einen Pol und einen Gegenpol; das Gegenstück zu etwas, das deutliche andere Eigenschaften hat. Wenn man in diese Welt geboren wird, lässt man einen großen nicht körperlichen Teil reiner positiver Energie zurück. Mit dem Gegenpol kann man sich verbinden, wenn es angezeigt wird und nimmt nur das Positive des Gegenpols auf, was einem selbst fehlt. Aus spiritueller Sicht ist Depression der Gegenpol zur Aggression. Der Mensch, der seine Aggressionen nicht zulässt und sie verdrängt, kann somit im Gegenpol, der Depression landen. Hier müsste ein Ausgleich stattfinden. Man schaut nach, ob man diesen Gegenpol aktivieren kann. Das Gesetz der Polarität besagt, dass alles auf dieser Welt aus Gegensätzen besteht. Es gibt immer zwei Pole, die einander bedingen wie Mann und Frau, schwarz und weiß, Gut und Böse, Gesundheit und Krankheit, Krieg und Frieden, Liebe und Hass.

Die Festplatte bereinigen

Mit vorgegeben Schritten (ohne Intuition aus den höheren Dimensionen – aber der erforderlichen Energie) werden unbrauchbare Informationen gelöscht.

Stellen Sie sich vor, Sie hätten eine Festplatte wie ein Computer und eine externe Festplatte befindet sich im morphogenetischen Feld.

Legen Sie sich oder Ihrem Klienten ganz leicht die Hände auf. Suchen Sie sich dabei zwei Stellen am Körper, die Sie für gut befinden. Sie können die Hände aber auch kurz vor dem Körper halten. Verbinden Sie beide Hände wieder mit einem Energiestrahl.

Jetzt schließen Sie die Augen und nehmen Kontakt mit den höheren Energien auf. Bitten Sie um die beste Energie für sich oder den Klienten, um die Festplatte zu bearbeiten.

Nun atmen Sie tief ein oder aus und denken dabei: Festplatte von allen überflüssigen, hinderlichen, krank-machenden Informationen befreien und nehmen die Hände weg.

Nun wird die Festplatte im Körper und im morpho-genetischen Feld bereinigt. Manche empfinden diesen Vorgang als sehr heftig. Man spürt ein gewisses Aufräumen im Körper.

Danach wird die Information Defragmentieren mit der Welle eingegeben. Jetzt fühlt man ein weiteres Aufräumen. Bei einer Defragmentierung wird der Inhalt des Massenspeichers, der zum Speichern von Dateien verwendet wird, in der kleinsten Anzahl zusammen-hängender Bereiche organisiert. Löcher werden geschlossen. Fragmentiert würde bedeuten, dass die Datei nicht zusammenhängend ist.

Im nächsten Schritt legen Sie wieder die Hände auf, mit Energiestrahl verbinden, Information Festplatte mit neuen, weiterbringenden, guten Informationen aus dem Universum bestücken, atmen tief ein oder aus und nehmen die Hände weg.

Miasmen abklären (Muskeltest) und harmonisieren

Es gilt, folgende Miasmen (Verunreinigungen) per Test (Reaktion) abzuklären und mit der Welle zu har-monisieren. Ein Miasma ist so etwas wie eine Prägung, die über die Generationen hinweg erfolgt ist. Diese Miasmen kann man selbst anziehen bzw. vererbt bekommen.

PSORA

SYKOSE

SYPHILINIE

TUBERKULINIE

KANZERINIE

VAKZINOSE

LEPRA

Psora

Ein Mensch beispielweise, der ein psorisches Miasma mitbringt, fühlt sich häufig kraftlos, hat wenig Antrieb, friert schnell und zweifelt an seiner Genesung.

Schwachpunkte:

Juckender Hautausschlag, dessen Unterdrückung eine Vielzahl von Leiden sowohl beim Klienten, als auch bei seinen Nachfahren hervorruft. Krätze, Angst und Entwicklungsstörungen bei Kindern, gestörte Organfunktion wie Herzrhythmusstörung, Verstopfung, Schwindel.

Sykose

Diese Menschen haben zu viel Energie. Die Reaktionen auf Erreger sind überschießend. Seine Gefühle und Beschwerden sind von starker Intensität.

Schwachpunkte:
Ursprung ist eine Tripperinfektion des Klienten oder der Vorfahren. Chronische Beschwerden des Unterleibes (Verwachsungen, Zysten, Myome), Unfruchtbarkeit, Warzen, Krebsbelastung, Diabetes, Gicht und auch Geistes- und Gemütserkrankungen, Steinleiden, eitrige Erkrankungen, Gürtelrose, Herzinfarkt, Mumps.

Syphilinie

Herrscht das syphilitische Miasma vor, ist ein destruktiver Prozess im Gang. Hier zerstört der Körper sich selbst. Angeborene Fehlstellungen und Autoimmunerkrankungen werden zum syphilitischen Miasma gerechnet.

Schwachpunkte:
Ursprung des syphilitischen Miasmas ist der Erwerb einer Syphilisinfektion bzw. das Vererben der Folgen einer Syphilisinfektion an die Nachfahren. „Hasen-scharte", „Wolfsrachen", „Klumpfuß", angeborene Herzfehler oder andere angeborene Missbildungen,

Zähne, Magen, offene Beine, Aortenaneurysmen, Arteriosklerose, Nervenleiden, wie MS oder Lähmungen, Parkinson, Alzheimer, Geschwüre, Osteoporose, Krebsgeschwüre, Geisteskrankheiten, Depression, Scharlach, Diphtherie, Polio.

Tuberkulinie
Das tuberkulinische Miasma liegt vor, wenn ein Mensch häufig unter Erkrankungen der Bronchien und der Lunge leidet und zu dem sehr ruhelos ist. Ein tuberkulinischer Mensch ist immer getrieben. Er will möglichst viel in möglichst kurzer Zeit erledigen.

Schwachpunkte:
Infektanfälligkeit, Allergien, Mittelohrentzündungen, Bronchitiden, Anginen, Aufmerksamkeits-Defizit Syndrom (dünne, hibbelige Kinder), Aggressionen, Konzentrationsstörungen, schon bei leichter Anstrengung kommt es zu starken Schweißausbrüchen und schneller Erschöpfung, Geistes- und Gemütserkrankungen, Störungen im Unterleib, Gicht, Diabetes und Krebs, Wasseransammlungen, Morbus Crohn.

Kanzerogenie (KREBSLEIDEN)

Das kanzerogene Miasma liegt vor, wenn es Krebs in der Familie gibt. Eine Anlage zu einem kanzerogenen Geschehen zeigt sich häufig schon in der Vorgeschichte eines Klienten. Kinderkrankheiten gab es kaum. Der Patient war als Kind übermäßig brav und hat sich selten gegen die Eltern aufgelehnt. Kanzerogene Klienten sind häufig sehr perfekt und möchten es jedem recht machen.

Schwachpunkte:
Harmoniesucht, fehlende Identität, Krebserkrankungen, Warzen, auffällige Hautmerkmale wie Leberflecken, Cafe au lait Flecken, Geisteskrankheiten, Depressionen. Diabetes und Gicht können auftreten, die oftmals Stellvertretererkrankungen für den Krebs darstellen. Kanzerogene Klienten haben ein deutlich höheres Risiko an Krebs zu erkranken, als andere Menschen.

Vakzinose (chronische Impfkrankheit)

Als Vakzinose bezeichnen Homöopathen alle Schäden und Folgen, die durch eine Impfung entstehen. Es ist kein natürliches Miasma, ist aber vererbbar. Unter Vakzinose fallen die herkömmlichen auf Viren basierende Impfen, aber auch die neuen mRNA-Impfstoffe, die Teile der Erbinformationen des Virus beinhalten. Bei dem mRNA-Virus sollte man zusätzlich noch die Technik für die DNA anwenden. Die Krankheitsbilder, die als Folge der herkömmlichen Impfe aufgeführt werden können, umfassen schwere und leichtere Erkrankungen wie Epilepsie, Autismus, chronisches Müdigkeitssyndrom, Asthma, Allergien, Entwicklungs- und Verhaltensstörungen, chronische Ohrinfektionen, Bronchitis, Ekzeme usw. Die Krankheitsbilder, die als Folge der neuen Impfung, die gentechnisch hergestellt wird, sind noch nicht hinreichend bekannt. Es ist sehr unterschiedlich, wie ein Körper auf einen solchen Einfluss reagiert und ob er krank wird oder nicht.

Mit Selen, Koriander und Zeolith kann man eine Entgiftung des Körpers vornehmen. Damit erreicht man, dass die Trägerprodukte wie Aluminium, Blei, Glutamat, 2- (Ethylmercurithio) benzoesäure, 2- Phenoxyethanol, Formaldehyd, etc. weitestgehend ausgeleitet werden. Die Lebend-, Tot-, Vektor- oder RNA-Impfstoff sind nicht nur nützlich für den Menschen, sondern können auch Krankheiten auslösen. Hier hat die Medaille zwei Seiten und die Kehrseite der Medaille sollte man immer berücksichtigen. James Compton Burnett (1840-1901) schrieb in seinem Buch „Vakzinose und ihre Heilung mit Thuja" über die Impfkrankheit Vakzinose. Er schreibt u.a. über Hautausschläge, Fieber, Kopfschmerzen,

Lymphknotenverhärtungen, Akne, Husten, chronische Erkältungen, Lähmungen, allgemeines Unwohlsein, Milzvergrößerungen,Neuralgien, Entwicklungsstörungen bei Kindern, Erbrechen und Durchfällen. Das Thema ist also schon sehr alt.

Schwachpunkte:
Vergiftungen durch die Inhaltstoffe und Anhaftungen der Viren in Organen und Gehirn.

Lepra
Wie der Leprakranke vor vielen Jahren ausgestoßen wurde, weil sich die anderen Menschen vor ihm geekelt haben und weil er so scheußlich aussah, so fühlt sich der lepröse Mensch heute unwohl mit seinem Äußeren. Er hat das Gefühl, andere Menschen ekeln sich vor ihm oder er ekelt sich selbst vor sich oder vor seiner Erkrankung. Menschen mit einem leprösen Miasma sehnen sich nach Kontakt, haben aber wenig oder gar kein Zutrauen darein, dass sie jemand mögen könnte. Häufig leben sie eher zurückgezogen, weil sie fürchten abgelehnt zu werden.

Schwachpunkt: Ablehnung

Weniger bekannt sind folgende Miasmen und ihre Schwachpunkte:

Akutes Miasma

Das Problem wird als plötzlich auftretend und akut gefährlich empfunden. Das Hauptgefühl ist Panik, es besteht jedoch Hoffnung. Die Dynamik drückt sich plötzlich aus, wie bei abrupt auftretendem Kopfschmerz.

Ringworm-Miasma

Gekennzeichnet durch Beschwerden, die phasenweise akut sind, dann scheinbar überwunden, aber latent doch noch vorhanden sind. Die Beschwerden des Ringworm-Miasmas sind wie die Ringelflechte oder Herpesinfektionen nicht lebensbedrohlich. Dennoch befindet sich der Betroffene in einer fast hoffnungslosen Lage, da die Krankheit nicht wirklich ausheilt.

Malaria-Miasma

Es ist gekennzeichnet durch ein Gefühl des Feststeckens. Patienten beschreiben ihre Lage als hoffnungslos und bemühen sich das Unabänderliche zu akzeptieren.

Typhöse Miasma

Der Typhus beginnt meist schleichend und führt dann zu hohem Fieber mit Bewusstseinstrübung. Aus diesem Umstand leitet sich der Name der Erkrankung ab.

Schmerzen

Mit der nun bekannten Vorgehensweise und dem Kraftwort: „Schmerzen weg" löse ich den Schmerz. Außerdem leitet man Kraft seiner Gedanken Energien an die schmerzende Stelle.

In der Hypophyse (Hirnanhangdrüse) wird das körpereigene Morphin gebildet – das Endorphin. Bei Schmerzen sollte diese Drüse direkt angeregt werden. Im Gehirn entscheidet sich, ob Schmerz überhaupt wahrgenommen wird oder nicht. Alle Zellen sind ständig miteinander „im Gespräch" und wir können uns an diesem „Gespräch" beteiligen. Kraft der Gedanken sendet man die Energie in die Hypophyse mit dem Ziel, körpereigenes Morphin zu bilden, um Schmerzen zu lindern und aufzulösen. Man sollte jeden Tag einmal kurz durch diese bestimmte Übung den Energiefluss aufrechterhalten.

Kinderwunsch/Wechseljahre

Gezieltes Transportieren der Energie in die Keimdrüsen bei Kinderwunsch und in den Wechseljahren ist sehr einfach. Die Eierstöcke, Nebennieren, Schilddrüse, Bauchspeicheldrüse, Hypophyse, Zirbeldrüse und Thymusdrüse werden nacheinander durch Energie angeregt. Man sollte auch in den Wechseljahren zur Aufrechterhaltung der Hormonbildung täglich einmal den Energiefluss aufrechterhalten. Auch wenn ein Organ fehlen sollte, schickt man die Energie an diese Stelle, weil das Gehirn niemals vergisst. In der DNA ist das Organ noch gespeichert.

Schlaganfall

Gezieltes Transportieren der Energie zu den Schnittstellen bei einem Schlaganfall ist sehr wichtig. Bei einem Schlaganfall sind Verknüpfungen im Gehirn, die zum Beispiel Bewegungsabläufe gesteuert haben, an entscheidender Stelle unterbrochen. Mit der Matrix-Harmonia-Energiewelle werden diese Schnittstellen gezielt „bearbeitet". Erstaunliche Verbesserungen können auftreten. Auch in diesem Fall sollte man durch Übungen die Heilung unterstützen. Das Gehirn

visualisieren und sich vorstellen, wie neue Nervenbahnen entstehen usw. Wir sind kleine Schöpfer und
können Kraft der Gedanken erschaffen. Wir sprechen
mit unseren Zellen, so wie die Zellen auch untereinander
kommunizieren.

Archetypen

Archetypen und Archetypische Bilder sind Urbilder, die
in uns verankert sind und z.B. auf Geburt, Ehe, Tod
hinweisen. Geometrische Bilder weisen auf den Körper
oder die Seele hin. Hier einige Beispiele:

Kreis für Ganzheit, Seele

Kreuz für eigenen Mittelpunkt finden

Dreieck für geistige Ausrichtung

Pentagramm/ Fünfeck für innere Harmonie

Quadrat für Erdung

Delfine und Wale für feinstofflichere Wahrnehmung

Erde für Knochen und Gewebe

Wasser für Körperflüssigkeiten (weint schnell)

Feuer eines hitzigen Menschen harmonisieren

Luft für Atem (schnell mit Worten) aus der Atemlosigkeit holen

Metall um Lunge und Dickdarm zu stärken

Holz um Leber und Galle zu stärken

Farbe Blau für Harmonie, Kraft des Geistes

Farbe Weiß für Unschuld, göttliche Liebe

Farbe Braun um auf dem Boden der Tatsachen zu kommen (Erdung)

Farbe Schwarz für Trauer lösen (aber auch Wieder-anbindung an die verlorene göttliche Urenergie)

Farbe Gelb für Sonne, Lebensfreude und starke Persönlichkeit

Farbe Rot für Leidenschaft, Mut, Stärke, Gesundheit

Farbe Orange für Sexualität, Sinnlichkeit, Liebe zum eigenen Körper

Farbe Rosa für universelle göttliche Liebe

Farbe Grün für Fruchtbarkeit und Wachstum, auch gegen Unreife

Farbe Violett für die feinstoffliche Wahrnehmung und Hellsichtigkeit.

Mit der Welle wird intuitiv ein Archetyp eingegeben oder man fragt nach dem richtigen Archetyp.

Frequenzen regulieren

Beim Radio kann man den Sender verstellen; beim Menschen auch. Wir sind manchmal nicht auf Empfang und haben nicht die richtige Frequenz. Es gibt viele Wege, die Frequenz zu regeln – aber mit der Quantenheilung geht es am einfachsten.

Ich suche mir zwei Punkte am Körper, verbinde gedanklich beide Hände mit einem Lichtstrahl und frage:

„Was ist die beste Energie zur Frequenzeinstellung?" (z.B. Allergien auflösen) und die Energiewelle auslösen.

Grigori Grabovoi hat z.B. für jede Erkrankung eine mehrstellige Nummer herausgefunden und diese dokumentiert. Man kann also auch diese Nummern eingeben, um die richtige Frequenz gegen Allergien dem Unterbewusstsein einzugeben.
Beispiele: Psyche 8345444, Raucherentwöhnung 1414551, Gewichtsreduzierung 4812412, Krebs 8214351.

Anschließend kann man täglich die Nummer lesen, um das Unterbewusstsein wieder daran zu erinnern.

Chakren

Chakren = Rad = Kraftzentren des Menschen

Jeder Mensch besitzt sein ganz individuelles Energiesystem. Ein Bestandteil desselben sind die Chakren. Mit Chakra werden die Verbindungsstellen zwischen dem Astralkörper und dem physischen Körper des Menschen bezeichnet.

Die Hauptenergiezentren des Menschen bestehen aus sieben Chakren. Diese verlaufen entlang der Wirbelsäule des menschlichen Körpers. Chakren können nicht optisch wahrgenommen werden.

Rot (Wurzelchakra) - unten
Orange (Sakralchakra)
Gelb (Solarplexuschakra)
Grün (Herzchakra)
Blau (Halschakra)
Indigo (Stirnchakra)
Violett (Kronenchakra) – oben

1.Basischakra - rot –
Es steht für Überleben, Instinkte, Erdung, Körperbewusstsein. Das Wurzelchakra ist das unterste Chakra und befindet sich auf der Höhe des Steißbeins. Es ist nach unten geöffnet und verbindet uns energetisch zur Erde. Es ist unsere Wurzel. Folgende Heilsteine können auch einen guten Einfluss auf das Wurzelchakra nehmen: Rubin, rote Varianten von Jaspis und Achat, Granat, Onyx, Hämatit.

2. Sakralchakra – orange –
Das Sakralchakra steht für Sexualität, Fortpflanzung, Arterhaltung. Es ist das zweite Chakra und liegt etwa

eine Handbreit unter dem Bauchnabel. Heilsteine: Karneol, orangene Varianten von Jaspis, Beryll.

3. Solarplexus - gelb –
Es steht für Wille, Macht, Gefühle. Das Solarplexuschakra befindet sich etwas oberhalb des Nabels auf Höhe des Sonnengeflechts (Solar-Plexus). Heilsteine: heller Bernstein, Topas, Tigerauge, Calcit.

4. Herzchakra – grün –
Das Herzchakra steht für Beziehung, Liebe, soziales Engagement. Es liegt auf der Höhe des Herzens und ist der Mittelpunkt des Chakrensystems. Heilsteine: Jade, Smaragd, Aventurin, Saphir.

5. Kehlkopfchakra - blau –
Es steht für Kommunikation, Intelligenz und Wahrheitsfindung. Das Halschakra, befindet sich auf der Höhe des Kehlkopfes. Heilsteine: blauer Achat, Türkis, Aquamarin, Opal.

6. Stirnchakra - Indigoblau –
Das Stirnchakra steht für Intuition, Weisheit, Selbsterkenntnis, 3. Auge. Das Stirnchakra, auch das "Dritte Auge" genannt, befindet sich zwischen den Augenbrauen. In diesem Bewusstseinsstadium, wird

Weisheit und Erkenntnis erlangt. Heilsteine: Amethyst, dunkle Saphire, Lapislazuli.

7.Kronenchakra – violett –
steht für Spiritualität, Bewusstheit. Das Kronenchakra, auch Scheitelchakra genannt, befindet sich außerhalb des grobstofflichen Körpers, oberhalb des Kopfes. Es ist nach oben geöffnet und verbindet uns mit dem Himmel und dem Göttlichen. Heilsteine: Diamant, Bergkristall.

Neben den 7 Hauptchakren gibt es noch viele andere. Wenn man das Gefühl hat, es besteht ein Problem mit dem Hals-Chakra, dann legt man dort die Hände auf, visualisiert die Verbindung beider Hände durch den Lichtstrahl und fragt nach der besten Energie in den höheren Dimensionen. Die Eingebung, die man dann erhält, gibt man als Information dem Körper weiter, z. B. Hals-Chakra harmonisieren, reinigen, in die richtige Schwingung bringen.
Man kann aber auch alle Chakren (auch Chakras) gleichzeitig in die richtige Schwingung bringen und außerdem alle nicht aufgeführten Chakren mit einbeziehen.

Aura = Energiefeld = Ausstrahlung

Unser Körper besteht aus dem stofflichen fleischigen Körper, dem Ätherkörper, der Aura und dem Astralkörper. Am meisten fangen wir uns lebende und verstorbene Anhaftungen in der Aura ein. Besonders Menschen, die viel mit anderen Menschen arbeiten, wie Krankenschwestern, Ärzte, Erzieher, Lehrer, sollten des Öfteren die Aura reinigen.

Die Aura kann in wunderschönen Regenbogenfarben leuchten, aber auch in stumpfen unreinen Farben. Je reiner das Bewusstsein eines Menschen ist, desto klarer und heller sind die Farben. Die Aura kann man reinigen, harmonisieren oder kalibrieren - die Kanten werden eingemessen oder abgeschliffen.

Hier das gleiche Verfahren: Hände auf die Aura legen, nach der besten Energie zur „Bearbeitung" der Aura fragen, ein- oder ausatmen und die Intuition, die man erhält, eingeben. In der Aura können Fremdanhaftungen sein, die Energien abziehen. Wer hat nicht schon mal festgestellt, dass er sich nach einer großen Zusammenkunft von Menschen erschöpft fühlte.

Die Ursache hinter einer Krankheit klären und auflösen

Eine einfache Technik, um ganz sicher zu gehen, auch nicht das Geringste übersehen zu haben.

Beispiel: Ein Klient kommt mit einer Schuppenflechte. Hier klärt man zuerst die Miasmen und müsste auch noch die Seele betrachten. Nicht jeder Klient ist dazu bereit und deshalb kann man die Seele mit der Information: „Die Ursache hinter der sichtbaren Krankheit klären und auflösen" schon einmal antriggern. Danach noch das Zeichen für Seele (Kreis) eingeben und die Energie arbeiten lassen.

Geburtstrauma lösen

Mit der Quantenheilungsmethode gehen wir in Jahresschritten zurück in der Zeit, bis in den Mutterleib. Dort lassen wir dann die Zelle bis zur Geburt heranreifen, leiten die Geburt ein und lassen den Klienten kurz die Enge im Geburtskanal und den Schock des Herauskommens durchleben und lösen dann mit der Welle das Geburtstrauma auf. Wir haben dann Zeit und Raum modifiziert und im morphogenetischen Feld eine Veränderung herbeigeführt. Man kann sich vorstellen, dass in der Geburtsphase tiefe Gefühlsregungen, Ängste und Schmerzen entstehen. Mit einigen Sätzen führt man sich oder den Klienten ins Unterbewusstsein und löst mit den Worten: „Auflösung des Geburtstraumas" und gleichzeitiger Auslösung der Welle diese Belastung, sei es bei der eigenen Geburt oder bei der Geburt eines eigenen Kindes, auf.

Zeit und Raum modifizieren

Die Quantenphysik besagt, dass Raum und Zeit nicht existieren. Es gibt nur ein Jetzt. Deshalb lassen sich vergangene Ereignisse durch den Gedankengang vor das Ereignis auflösen. Mit wenigen Sätzen zurück zum Ereignis – also gedanklich immer jünger werden bis zu einer schmerzlichen Erfahrung, wie z.B. ein Unfall. An dieser Stelle geht man 5 Minuten vor das Ereignis und die Realität wird verändert. Man lässt unter Auslösen einer Welle das Erlebte in eine andere Richtung fließen. Man könnte an diesem besagten Tage sein damals verletztes Bein vorher in Styropor eingepackt haben und dann damit den Unfall erleben. Der Schaden wäre nicht so groß geworden und das Unterbewusstsein erfährt eine Veränderung. Eine weitere Möglichkeit ist, zum Zeitpunkt des Geschehens zurückzugehen und noch weitere 5 Minuten oder 50 Minuten zurück und einen anderen Weg zu suchen, durch den man nicht in dieses Geschehen gelangt (z.B. Vergewaltigung).

Die Seele

Die Seele ist körperlos; sie ist Schwingung und Energie. Man kann sie nicht sehen, so wie man auch elektrischen Strom und unsere Gedanken nicht sehen kann. Kommunizieren ist aber möglich, so wie man über Funk mit Menschen kommuniziert. Meist geschieht das in unseren Gedanken und Träumen. Wenn die Seele die alte fleischliche Hülle auf Erden zurück lässt, dann tritt sie zuerst in die 4. Dimension ein. Hier erschließt sich der Seele das frühere Leben in allen Facetten. Aber durch den Gang zum Mittelpunkt der Seele – zum Archiv – nimmt man direkten Kontakt mit ihr auf bzw. schaut hinein. Es lassen sich bis zu 19 verlorengegangene Eigenschaften wieder aktivieren. Seelenanteile, die vor der Wiedergeburt zurückgelassen wurden, und Seelenanteile, die auf Erden z.B. durch Schicksalsschläge abtrennten, werden wieder integriert. Man erinnert die Seele des Menschen daran, was sie zurückgelassen bzw. verloren hat. Bei der „Seelenarbeit" fragt man sich selbst oder den Klienten zu Beginn, ob man sich mit der Seele verbinden darf. Danach geht die Frage ans Universum, ob man sich mit dem Universum verbinden darf, um der Seele zu helfen.

Die Eigenschaften 1 – 12

1 Effizienz = Ausgewogenheit, Selbstgenügsamkeit

2 Flexibilität

3 Freude

4 Heilkraft

5 Humor

6 Mitgefühl

7 Mut

8 Schöpferkraft

9 Verantwortungsbewusstsein

10 Vertrauen in sich selbst und andere

11 Glück

12 Eigenliebe u. Nächstenliebe

Die Eigenschaften 13 – 19 für den spirituellen Weg

13 Bereitschaft Lichtnahrung aufnehmen zu können.

14 Reines Gewissen mir selbst und anderen gegenüber.

15 Akzeptanz: zurück zur inneren Schönheit -
              jeder Mensch ist schön und gut.

16 Läuterung, Loslassen und Vergeben.

17 Ordnung, mit Ruhe und Ordnung alles angehen.

18 Freiheit für mich und andere.

19 Ganzheit, Ewigkeit, immer sein – Komplettieren.

Wie bei den Miasmen kann man von 1 – 19 austesten und auf Reaktionen warten. Bei einer erfolgten Reaktion wird die Eigenschaft noch einmal bearbeitet, indem sie harmonisiert wird. Man hat aber auch die Möglichkeit, ein Paket zu schnüren und die für einen selbst oder den Klienten wichtigsten Seeleneigenschaften aktivieren, wie z.B. Lichtnahrung aufnehmen, Läuterung und Glück. Mit diesem Dreierpaket löst man die Welle aus.

Um Seeleneinblicke zu erhalten, ist auch folgende Meditation hilfreich:

Setz dich bequem hin und schließe deine Augen. Konzentriere dich auf deinen Atem, 3 x tief ein und tief aus. Lege deinen Focus nun auf deine Füße und nimm sie wahr. Konzentriere dich nun auf deine Hände. Fühl deine Hände. Visualisiere einen leuchtenden Kreis ca. 30 cm vor deiner Brust und ziehe ihn ganz langsam in dich hinein. Ein Kreis ist das Symbol für die Seele und nun sucht dieser Lichtkreis in dir nach deiner Seele. Folge dem Kreis, bis er deine Seele gefunden hat. Dann warte ab, was sich auftut. Du erhältst einen Blick hinein. Wie eine Theaterbühne öffnet sich nun die Bühne deines Lebens. Gib der Seele die Information: Alle verlorenen Seelenanteile von 1 bis 19 integrieren und Harmonie herstellen. Schau, was sich tut.....

Den Namen der Seele herausfinden

Wenn ich als Christel nach meinem Ableben auf die andere Seite gehe, dann lass ich alles zurück. Ich werde nicht als Christel dort ankommen. Die Seele hat einen Namen, den sie bei ihrem Erstehen erhalten hat und nach jedem Ableben wieder aufnimmt. Seelennamen sind zum Beispiel OMRA, APHRAAR, RAEL, MYHANENE. Zwischen 3 und 10 Buchstaben kann ein Name haben.

Wir fragen das Unterbewusstsein nach dem Namen der Seele wie folgt:

1=A
2=B
3=C
4=D
5=E
6=F
7=G
8=H
9=I
10=J
11=K
12=L
13=M
14=N

15=O
16=P
17=Q
18=R
19=S
20=T
21=U
22=V
23=W
24=X
25=Y
26=Z

Sich auf das Thema „Name der Seele" einstellen. Die Seele um eine Antwort bitten, Hände auflegen, mit Energiestrahl verbinden, sich mit den höheren Dimensionen verbinden, tief ein- oder ausatmen, an 1 bis 26 denken und die Intuition empfangen, Hände lösen. Das bis zu 10 x wiederholen, bis keine neue Intuition mehr erfolgt.

Reinigung eines Raumes

Mit der 2-Punkt-Methode geht die Raumreinigung ganz einfach. Man stellt sich vor, wie man um den Raum oder um das Haus einen Energiekreis zieht, legt beide Hände auf diesen Energiekreis und löst die Welle mit dem Gedanken aus, alle negativen Energien zu entfernen und während des Aufenthaltes nur noch gute Energie zuzulassen.

Zum Schutz gegen Elektrosmog erstelle ich eine Energiepyramide über das Bett, damit mich nicht die 500 Handys der anderen Gäste belasten können.

In Hotelzimmern ist das meine erste Handlung noch bevor ich den Koffer auspacke.

Das Innere Kind

Es ist nie zu spät für eine „glückliche Kindheit". Dieser Spruch wird sowohl Erich Kästner als auch Milton Erickson zugesprochen. Zuerst sollte das Fehlen der emotionalen Zuwendung in der Kindheit ins Bewusstsein geholt werden, um physische und psychische Verletzungen zu heilen und anschließend das positive

Erleben, wenn vorhanden. In der Arbeit mit dem Inneren Kind wird davon ausgegangen, dass ein Mensch, der als Kind wenig Liebe und Anerkennung erfahren hat, in seinem Selbstwertgefühl beschädigt wurde und dann als Erwachsener ein unangemessen großes Verlangen nach Zuwendung durch andere Menschen entwickelt, und dass bei einem solchen Menschen schon wenig Kritik alte Kindheitsverletzungen aktualisieren kann und er dadurch übermäßig angreifbar wird. Man geht in der Zeit zurück bis in die Kindheit, sieht eine verletzende Situation vor Augen und gibt nacheinander mit der Energiewelle Folgendes ein:

Mich trifft keine Schuld.

Ich bin jetzt bereit, meine Gefühle wahrzunehmen und anzunehmen.

Ich bin offen für Neues in meinem Leben.

Ich bin stark genug, für mich selbst zu sorgen.

Ich darf neugierig und verspielt, albern und spontan, lebendig und sensibel sein.

Ich darf aber auch zornig und traurig sein, denn durch meine Selbstliebe erkenne ich, dass alle Gefühle wichtige Teile meiner selbst sind.

Danach versucht man, eine gute Erfahrung ins Gedächtnis zu rufen, und diese mit der Welle zu verankern.

Die weibliche und die männliche Seite

Unsere rechte Körperhälfte und linke Gehirnhälfte repräsentieren unsere männliche Seite; unsere linke Körperhälfte und rechte Gehirnhälfte unsere weibliche Seite.

Nur wenn man als ganze Frau einem ganzen Mann begegnet, können sie sich aus ihrer Fülle (Ganzheit) heraus die bedingungslose Liebe schenken, die alle von Kindheit an suchen.

Die männliche Energie schwingt langwelliger und auf niedrigerer Frequenz als die weibliche Energie.

Männliche Energie (yang) ist aktiv, zeugend, belebend, schöpferisch, sich ausdehnend, gebend, hart, außen, bewegend, oben. Wenn beide Seiten nicht in Einklang schwingen, kann das krank machen. Bei den Männern lagert sich die Fremdenergie in den Hoden und der Prostata an.

Weibliche Energie (yin) ist empfänglich, nehmend und passiv, verborgen, sich zusammenziehend, weich, innen, still, unten.

Bei einer Frau setzen sich die fremden Schwingungen am leichtesten an Stellen ihres Körpers fest, wo ihre weibliche Energie konzentriert ist wie in den Keimdrüsen, der Gebärmutter, den Brüsten.

Man muss beide Seiten ausbalancieren. Eine Welle aufbauen und weibliche und männliche Seite nacheinander harmonisieren. Oft spüren Klienten bei Auslösung der Welle körperlich auf einer Seite etwas. Die Blockade der sich nicht in Harmonie befindlichen Seite gibt sich zu erkennen.

Frühere Leben

Der Klient wird zurückgeführt bis zur Geburt und weiter zurück in den Mutterleib und dann in die Zeit vor dem Eintritt der Seele in den Mutterleib. Man beschreibt die unendliche Freiheit und Schönheit der Situation, in der sich die Seele vor der Inkarnierung befindet und geht dann weiter rückwärts in das Leben, das dieses jetzige Leben negativ prägt, und löst dann mit der Welle alle Verstrickungen auf. Dazu benutzt man die Energie-fenster. Man kann dabei alle Energiefenster gleichzeitig öffnen.

Die Verbindung zu Krankheiten oder Behinderungen, die Bestandteil eines früheren Lebens aus einem Parallel-Universum sind, lassen sich durch eine Rückbesinnung und Auflösung durch die durch das Feld erwirkten Welle ebenso auflösen. Erstaunliche Veränderungen für das jetzige Leben kann dadurch erwirkt werden.

Manchmal gelingt es dem Klienten kurz in das frühere Leben zu blicken, und in einem Fall durfte ich daran teilhaben, weil ich in diesem früheren Leben die Großmutter der Person war. Weil ich nicht schreiben konnte, übernahm das meine Enkelin für mich. Für eine Sekunde kam tiefe Verbundenheit auf. Ich spürte aber auch die Angst der Tochter vor dem strengen Vater. Das wir beide gleichzeitig in dieses Leben schauen durften, also der Anwender und der Klient, kam nur durch die Verbundenheit im früheren Leben zustande.

Andere Dimensionen

Wenn wir Einsteins Erkenntnis über die Dimensionen aufnehmen, dann kann man auch in diese Dimensionen hineinspüren und Informationen abrufen.

Man stellt sich 12 Grund-Dimensionen vor (wir Menschen leben in der 3. Dimension), fragt nach der für uns wichtigsten Dimension für eine positive Veränderung unseres jetzigen Lebens, gibt diese Dimension ein, die uns intuitiv angezeigt wird, und löst die Welle aus mit den Worten: „Ich nehme all das Positive aus der Dimension XXX, das mir in meinem Leben in dieser Dimension fehlt, und lasse alles Negative, was mich behindert, in der anderen Dimension zurück mit der Bitte um Auflösung." Man kann aber auch wie bei den Miasmen jede Dimension von 1 – 12 abfragen und auf Reaktionen warten.

1.Dimension = Länge - Strich (**Mineralien** = z.B. Calcium, Natrium, Kalium und Magnesium, Eisen, Jod, Fluor, Zink,

Kupfer, Mangan, Chrom und Molybdän) und Heilsteine. Alles funktioniert völlig eigenständig und dient zur Aufrechterhaltung diverser universeller Strukturen.

2. Dimension = Breite - Strich auf einem Papier wirft Schatten (**Pflanzen, Tiere**)

3. Dimension = Höhe (**Menschen und höher entwickelte Tiere** wie Pferd, Delfin, Waal, Hund, Katze)

4.Dimension=Zeit (**morphogenetisches Feld**, Geist, Astralebene)

5. Dimension = Energetische Ebene (**Liebe**, Vergebung, Akzeptanz, Heilung)

6. Dimension = Fluss des Geistes (**Freude**, Emotionen, informative Ebene, **Dualität**)

7. Dimension = **Christus** Ebene (Grenzenlosigkeit, Lehren und **Heilen**). Christus ist den Menschen noch sehr nahe und nimmt Einfluss auf das Geschehen der Erde. Deshalb ist er in der 7. Dimension zu finden.

8. Dimension = Spirituelles Licht (Seele verliert ihre **Planetenzugehörigkeit**)

9. Dimension = Seelen-Zuhause (angekommen, Seelen übernehmen **Planetenpflege**, Ordnungsebene)

10. Dimension = Göttlicher **Einklang** (das höchste und reinste Bewusstsein)

11. Dimension = M-Theorie (Mutter aller Theorien, vereinigte Theorie der fünf Stringtheorien und der Supergravitation. Der Physiker Edward Witten hat diesen Begriff geprägt), (Magie, **Auflösung des letzten Geheimnisses**, Urmatrix)

12. Dimension = Eins sein mit dem weißen Licht Gottes (**Verschmelzung mit allem**, sich auflösen)

Schutz aufbauen

Mit der Matrix-Harmonia-Welle kann man jederzeit und überall schnell einen Schutzwall aufbauen. Man stellt sich einen Umhang aus Licht vor und aktiviert ihn mit der Welle und dem Wort Schutz. Dabei stellt man sich die Begebenheit vor, für die man Schutz benötigt.

Wirbelsäulenbegradigung

Mit dem Becken beginnend gibt man die Intuition Ausrichten ein und nacheinander dann Beine zum Becken ausrichten / Füße zu den Beinen und Becken/ Wirbelsäule zum Becken, Beine, Füße / Nacken zum Becken, Beine Füße, Wirbelsäule / Schädelknochen und Kiefer zum Becken, Beine, Füße, Wirbelsäule, Nacken. Hier gibt es auch eine kleine Änderung der Vorgehensweise. Dem Klienten sage ich bei jedem Schritt, dass er ein körperliches Zeichen geben möge, sobald er soweit ist.

Eine weitere Möglichkeit ist, sich ein Bild der Wirbelsäule auszudrucken und einen Finger auf die Stelle des Bildes zu legen, wo man den Schmerz fühlt und den anderen Finger auf die Stelle am Rücken. Dann die Information Regenerierung eingeben, aus- oder einatmen und die Finger wegnehmen.

Konfliktlösung mit Matrix-Harmonia

Besteht ein Problem mit einem Familienmitglied, Chef oder einem Nachbarn, so holt man sich visuell die Person in den Energiebereich vor den Körper und kappt alle negativen Verbindungen zu dieser Person unter Auslösung der Energiewelle. Anschließend holt man sich aus dem Feld die Energie, die eine gute Lösung bringt. Das könnten Frieden, Harmonie, Liebe, Verständnis o.ä. sein.

Fernanwendung

Bei einer Fernanwendung nehme ich mir 30 Minuten in ruhiger Umgebung Zeit, um mich auf den Hilfesuchenden einzustellen. Ich vereinbare eine Zeit mit dem Klienten, damit er ebenfalls in ruhiger Abgeschiedenheit die Energien annehmen kann. Wer es mag, kann leise Entspannungsmusik dabei hören. Ich stelle mir vor, dass ich meine Hände auf verschiedene Bereiche lege. Zuerst frage ich das Universum nach der besten Heilenergie und gebe dann während der Zeit, dem Klienten in der Ferne, verschiedene Techniken mit Auslösen von Wellen ein. Über das morphogenetische Feld kann der Hilfesuchende die Energien empfangen.

Erdung

Ab und zu sollte man eine Erdung vornehmen. Man kann es durch Eingabe eines Archetypen wie Quadrat oder auch durch das Wort Erdung. Verstärken kann man den Erfolg noch mit der Vorstellung ein Baum zu sein mit einer herrlichen Krone, die vom Universum lichtdurchflutet wird, die Wurzeln reichen bis zum Mittelpunkt der Erde, wo sie die nötige Nahrung von Mutter Erde aufnehmen können. Hände auflegen, mit einem Lichtstrahl verbinden, Frage stellen: „Was ist die beste Energie für den Klienten/für mich für die Erdung?" Ein- oder ausatmen, die Intuition eingeben, loslassen und sich aus dem Geschehen nehmen.

Stehende überflüssige Wellen entfernen

Wir haben immer wieder bei der Arbeit mit Energien Wellen aufgebaut und evtl. gespeichert, damit sie weiter im Körper arbeiten können. Nach einer gewissen Zeit wird die eine oder andere stehende Welle nicht mehr benötigt. Wir machen Platz wie bei einem PC.

Information: Stehende überflüssige Wellen entfernen und noch mehr Platz schaffen, indem wir die nun entstandenen Lücken schließen.

Information: Lücken schließen.

Die 5 Elemente

Die fünf Elemente Holz, Feuer, Metall, Wasser und Erde sind unmittelbar aus der Natur abgeleitet. Aus ihren Eigenschaften wird auf die Beziehungen zwischen Erde, Mensch und Himmel und innerhalb dieser Sphären geschlossen.

Wasser steht unten als ruhender Ausgangspunkt und wesentlicher Bestandteil jeder Dynamik, und entspricht dem Winter.

Holz folgt als vorbereitende, expandierende Phase, (Vor)frühling.

Feuer bildet den Höhepunkt der eigentlichen Aktion; es steht für den Sommer.

Erde steht für den wandelnden Aspekt, der im zyklischen Prozess Evolution bewirkt (etwa die Metamorphose hin zur Fruchtbildung) sowie den Spätsommer.

Metall konzentriert und strukturiert die Aktion, dies gewährleistet die Wirkung der Aktion, entsprechend der Reifung im Herbst. Dem schließt sich wieder die Ruhephase (Wasser) an.

Die gesunde 5-Elemente-Ernährung ist vielen Menschen bekannt und je nach Elemente-Typ leicht umzusetzen.

Anwendungen und Ausdeutungen der Fünf Elemente

Kategorien

木 Holz   = Gallenblase, Leber, Ost, sauer, grün-blau

火 Feuer = Herz, Dünndarm, Süd, bitter, rot

土 Erde   = Magen, Milz, Mitte, süß, gelb

金 Metall = Lunge, Dickdarm, West, scharf, weiss-grau

水 Wasser = Blase, Niere, Nord, salzig, schwarz

Welches Element muss für diese Person Anwendung finden?

Man konzentriert sich auf 1 bis 5 oder Holz, Feuer, Erde, Metall, Wasser und geht auf die erhaltene Information näher ein. Z.B.: Man gibt Heilung für Gallenblase und Leber ein. Und im nächsten Vorgang die Farbe grün-blau. Der Geschmack Sauer ist ebenso ein Thema für diese Person und die Richtung Ost. Bisher konnte diese Person evtl. schlecht schlafen, wenn der Kopf nicht nach Osten lag und mochte keine sauren Speisen.

Kraftworte

Das Arbeiten mit Kraftworten ist sehr einfach. Konzentrieren Sie sich auf ein Thema und geben mit Auslösung der Welle eines dieser Worte ein:

Entfernen

Transformieren

Aktivieren

Loslassen

Harmonisieren

Ändern

Weg

Entschlacken

Eine Entschlackung ist von Zeit zu Zeit notwendig. Hier muss man auch nur die Information mit der Welle eingeben und arbeiten lassen.

Organerneuerung

Falls ein Organ nicht mehr zu 100 Prozent leistungsfähig ist oder entfernt wurde, konzentrieren wir uns auf das Organ und geben die Information ein: Wiederherstellung des fehlenden (oder nicht gut funktionierenden) Organs zu 100 Prozent.

Man kann auch mit Bildern verschiedener Organe, die man sich aus dem Internet ausdruckt, arbeiten. Eine Hand legt man auf das Bild, die andere Hand auf das kranke Organ und gibt die Information: Vereinigung der Organe mit der Welle ein. Nun erfolgt die Überspielung des kranken Organs durch das gesunde Organ auf dem Bild. Wir geben den Zellen die neue Information.

Tumore oder Knoten

Man konzentriert sich auf die Knoten oder die Tumore und gibt die Information mit der Welle ein: Entfernung der negativen Informationen, verkleinern des Tumors oder Tumore und umkehren in normale Zellen, die im Gleichtakt mit den anderen Zellen schwingen.

Energien während einer Meditation durch den Körper zum Tumor leiten

Hier ein Beispiel:

Setz dich bequem hin und schließe die Augen.

Lenk deine Konzentration auf deine Füße, dann auf deine Hände.

Begib dich gedanklich auf eine Reise an ein Meer mit einem wunderschönen weißen Sandstrand.

Es ist warm.

Du setzt dich in den Sand und schaust aufs Meer. Du hörst die Wellen rauschen und siehst eine Welle nach der anderen an den Strand kommen.

Weit draußen entdeckst du Delphine spielen.

Über diesen Delfinen schweben Energiebälle in verschiedenen Farben. Du suchst dir einen Ball in deiner Lieblingsfarbe aus. Dieser Ball schwebt nun langsam auf dich zu. Er kommt näher und näher.

Jetzt öffnest du dein Kronenchakra über deinem Kopf und erwartest den Energieball.

Wenn er über deinem Kopf schwebt, wird er zu einem Nebel und dringt ganz langsam über das Kronenchakra in dein Gehirn. Hier weitet sich der Energienebel aus und berührt alle Drüsen im Gehirn.

Dadurch werden neue Nervenbahnen gebildet und die rechte und linke Hirnhälfte werden optimal miteinander verbunden

Ablagerungen in der Epiphyse werden über das Kronenchakra ausgeleitet.

Langsam dehnt sich dieser Energienebel weiter aus und gelangt in die Schilddrüse. Der Nebel regt sie optimal an Hormone zu bilden, dann zieht der Energienebel weiter in die Thymusdrüse, Bauchspeicheldrüse, Leber, weiter in den ganzen Unterleib, bis in die Arme, Beine, Finger und Füße.

Du leuchtest schon ganz in deiner Lieblingsfarbe, die du ausgewählt hast.

Die Energie zieht weiter und befreit im Rücken das Steißbein von Blockaden, geht weiter zum Kreuzbein und löst Blockaden, dann zum Brustbein und löst Blockaden und zum Nacken und löst auch dort Blockaden.

Die Nebennieren über den Nieren werden angetriggert um die Lebenskraft aufzubauen. Sie sind zuständig für das CHI, die Lebenskraft. Du konzentrierst dich auf die Nebennieren und drückst die Energie dort hin.

Und nun konzentrierst du dich auf den Tumor, der sich aus veränderten Zellen gebildet hast und bestrahlst ihn gedanklich mit der Energie. Du lässt ihn schrumpfen und zu einer ganz kleinen Kugel werden.

Die Energie wird jetzt noch Tage in deinem Körper weiterwirken und es wird Zeit sich zu lösen.

Du wirst dir bewusst, dass du noch am Strand sitzt, noch auf das Meer schaust und kommst ganz langsam zurück in die Wirklichkeit und öffnest langsam die Augen.

Parodontose, Karies, Zahnschmerzen

Man konzentriert sich auf die Führerzelle der Parodontose und programmiert diese vom Negativen ins Positive oder entfernt den dafür zuständigen Bakterienstamm unter Zuhilfenahme der Energiefenster.

Die Bäume

Der Grundgedanke der Baumheilkunde ist in der Idee so alt wie die Menschheit. Die Bäume haben einen

Energiemantel, den wir nutzen können. Dieses Gewächs gleicht dem Menschen. Er hat Haut, Haupt, Wurzeln und seine Sinne liegen im Stamm.

„BÄUME SIND HEILIGTÜMER. WER MIT IHNEN ZU SPRECHEN, WER IHNEN ZUZUHÖREN WEISS, DER ERFÄHRT DIE WAHRHEIT." HERMANN HESSE

Beispiele:

Die **Erle** zum Beispiel ist kühlend, zusammenziehend, fiebersenkend; bei schwachem Zahnfleisch und Aphten hilft ein Absud der Blätter, die Rinde geben ein gutes Gurgelmittel bei Angina. Eine Mischung aus Erlen-, Salbei und Walnussblättern als Tee oder Umschlag genossen, erleichtert das Abstillen - eine andere Form des Loslassens.

Ahornbäume wirken aufmunternd, erleichternd wirkt er bei krankhafter Hitze, hilfreich ist er bei geschwollenen, müden Augen und Gliedmaßen als Auflage. Hildegard von Bingen empfahl das gewärmte Holz bei Gicht, ein Bad mit Zweigen und Blättern bei täglichem Fieber.

Die **Buche** wirkt desinfizierend und mit Johanniskrautöl gemischt, als Paste gegen Wunden und Geschwüre. Frische Buchenblätter kühlen bei Schwellungen, Gerstenkorn oder Geschwüren.

Die **Birke** ist reinigend, belebend, ideal zur Frühjahrskur, da die Birke auch Nieren und Blase anregt und bei Wassersucht, Gicht, Rheuma, Arthritis und Steinleiden hilft. Babywiegen werden vorwiegend aus Birkenweiden gefertigt.

Die **Linde** war für unsere Vorfahren ein Schicksalsbaum in freundlicher Gestalt. Betörend auch der süße, harmonische Duft, charakteristisch ist die Heilwirkung. Honig und Tee sind als Grippe- und Erkältungsmittel bekannt, für schweißtreibende Wirkung und die Stärkung der Abwehrkräfte.

Wem die innere Ruhe fehlt, wer unausgeglichen ist und gestaute Wut in sich trägt, dem hilft die **Weide** (Silberweide). Sie kühlt und erfrischt. Sie kann aber auch melancholisch stimmen und nur schwer zu formulierende Sehnsüchte auslösen. Sie lässt einem in die Ferne schweifen. Verhärteten, in sich zurückgezogenen und verbitterten Menschen ist die Weide oft eine sehr große Hilfe. Sie löst und erweicht. Sie erneuert. Auf ähnliche Weise zeigt sie ihre Eigenschaften jenen, die an Gicht und rheumatischen Erkrankungen leiden und den Frauen mit starken Menstruationsschmerzen, beim Besuchen der Weide.

Welcher Baum (an 1 bis 30 denken) kann mir Heilung geben? Die Zahl, die ins reine Bewusstsein kommt, einschwingen mit der Welle.

1 Erle

2 Kreuzdorn

3 Schwarzdorn

4 Apfelbaum

5 Esche

6 Lärche

7 Ulme

8 Birke

9 Fichte

10 Linde

11 Wacholder

12 Birnbaum

13 Flieder

14 Pappel

15 Walnussbaum

16 Buche

17 Hasel

18 Pflaumenbaum

19 Weide

20 Eberesche

21 Holunder

22 Quitte

23 Weißdorn

24 Eibe

25 Kiefer

26 Rosskastanie

27 Eiche

28 Kirschbaum

29 Sanddorn

30 Ahorn

Verjüngung

Wir stellen uns in einem Jahr vor, als wir uns sehr wohl fühlten von der Optik, Gesundheit und Lebensqualität.

Die Frequenzzahl nach Grabovoi 2213445 eingeben.

Wir konzentrieren uns auf die Thymusdrüse und geben das Wort REGENERIEREN ein.

Die Frequenzzahl nach Grabovoi 2145432 eingeben.

12 Heilfrequenzen

1 Reinigen der Chakren, Aura, Meridiane, Miasmen

2 Regenerieren von Muskeln, Knochen, Bänder, Faszien, Gelenke

3 Nervensystem regenerieren

4 Blutsystem regenerieren

5 Adern und Gefäße regenerieren

6 Alle Organfunktionen regenerieren

7 Hormone regenerieren

8 Lebensenergien vermehren

9 Frohsinn aktivieren

10 Innere Schönheit aktivieren

11 Äußere Schönheit regenerieren

12 Erbanlagen harmonisieren

Verschiedene Globulis einschwingen

Jede Medizin kann mit dem Wort EINSCHWINGEN „eingenommen" werden. Hier z.B. die Spurenelemente. Zuerst fragen: „Welche Globulis sind für mich gerade wichtig?" und danach die erhaltene Zahl einschwingen.

1 Calcium fluoratum - Haut

2 Calcium phoshoricum – Knochen, Zähne

3 Ferrum phosphoricum - Immunsystem

4 Kalium chloratum - Schleimhäute

5 Kalium phosphoricum –Psyche, Nerven

6 Kalium sulfuricum - Entgiftung

7 Magnesium phosphoricum – Nerven, Muskeln

8 Natrium chloratum - Flüssigkeitshaushalt

9 Natrium phosphoricum - Stoffwechsel

10 Natrium sulfuricum - Ausscheidung,

11 Silicea - Haare, Haut

12 Calcium sulfuricum - Gelenke

13 Belladonna - Entzündungsmittel, gegen Fieber

14 Apis Mellifica - Haut, Schleimhaut, Allergien

15 Arnika – Blutergüsse, Prellungen

Abnehmen

An Gewicht abnehmen ist oft ein schwieriges Unterfangen. Die Person richtet immer den Focus auf das hohe Gewicht, auf die Veränderung die stattgefunden hat. Sie fühlt sich zu dick. Das ist der Fehler. Der Gedanke muss auf den zu erreichenden Zustand gerichtet werden. Man sucht ein Bild aus seiner Vergangenheit, auf dem man mit einem Wohlfühlgewicht zu sehen ist. Dieses Bild kommt an den Kühlschrank oder an die Schublade mit Süßigkeiten. Ebenso die Frequenzzahl 4812412 von Grabovoi daneben, die vorher mit der Welle ins Unterbewusstsein gegeben wird. Täglich schaut man auf Bild und die Zahl und das Unterbewusstsein bewegt sich langsam auf den Wunschzustand hin.

DNA und Telomere

In den Zellkernen unserer Zelle befinden sich unsere Gene, die entlang verdrehter, doppelsträngiger DNA-Moleküle namens Chromosomen angeordnet sind. DNA-Abschnitte am Chromosomenrand werden Telomere genannt, deren Aufgabe es ist, unsere genetischen Informationen zu schützen, damit sich die Zellen teilen können. Sie enthalten jedoch auch Geheimnisse wie wir altern und Krebs bekommen.

Telomere werden manchmal mit den Plastikenden an Schnürsenkeln verglichen. Sie schützen Chromosomen-enden vor einem Ausfransen und Zusammenkleben, was die genetischen Informationen des Organismus zerstören oder verändern würde.

Die Telomere verkürzen sich jedoch mit jeder Zellteilung. Sind sie zu kurz geworden, kann sich die Zelle nicht länger teilen, wird inaktiv, „vergreist" oder stirbt ab. Dieser Verkürzungsprozess wird mit dem Alterungs-prozess, Krebs und einem erhöhtem Sterberisiko in Verbindung gebracht.

Zuerst verändern wir unsere DNA nach dem Eichmaß unseres Schöpfers, danach verjüngen wir die Telomere und anschließend aktivieren wir die uns verlorengegangenen DNA-Stränge.

Information: Wir regulieren die DNA nach dem Eichmaß unseres Schöpfers und entfernen Veränderungen.

Information: Telomere verjüngen, vergrößern, heilen.

Ein weiterer Schritt ist es, die uns aus irgendeinem Grund abhandengekommenen DNA-Stränge wieder zu aktivieren. Statt nur eine 2-Strang DNA zu besitzen, wie die letzten paar tausend Jahre, werden wir nun schrittweise höhertransformiert, bis wir wieder über eine höherdimensionale 12-Strang-DNA verfügen.

Information: Wir aktivieren den Aufbau der fehlenden DNA-Stränge.

Paralleluniversen - unsere Doppelgänger im All

Unser Universum ist ein Teil eines größeren Ganzen laut der Quantenphysik und Quantenmechanik. Unser Universum ist eine Scheibe von vielen Scheiben. Laut Stringtheorie ist es eine holographische Projektion von Prozessen. Wir kneifen uns in den Arm – aber uns wird nur etwas gespiegelt, es läuft woanders ab. Es gibt mindestens eine Kopie von uns, aber wir wissen nicht, welche wirklich ist. Alle Versionen sind gleich. Eine Version möchte gerade ein Buch lesen und eine andere Version ist schon fertig damit. Eine Version hat die schönsten Träume wahr werden lassen und eine andere Version die schlimmsten Träume.

Eingabe: Verbindung mit der hellsten, harmonischsten und gesündesten Version von mir.

Lemurien und Atlantis auf der Erde

Lemurien und Atlantis wurden von Sternenvölker gegründet. Eine Art Freizeitpark für Außerirdische. Diese konnten ihre Frequenz soweit herunter senken, dass sie zeitweise auf der Erde in dieser unteren Schwingung leben konnten. Leider hatte das Folgen. Ihre hohe Schwingung der Harmonie vermischte sich langsam mit der Erdenfrequenz und es entwickelte sich neben der Harmonie auch etwas Negatives.

Stellen Sie fest, ob Sie irgendwann schon einmal in Lemurien oder Atlantis gelebt haben und nehmen Sie die Harmonie des Volkes auf. Machen Sie den Test und gehen dann eine Verbindung ein. Hier gibt es mehrere

Möglichkeiten. Man kann ein Blatt mit einem L und ein Blatt mit einem A kennzeichnen und umdrehen. Das Unterbewusstsein wählt dann ein Blatt aus. Oder man prüft mit der Frage und Welle nach, ob das Unterbewusstsein auf Lemurien oder Atlantis reagiert.

Implantate entfernen

Wir entfernen die Implantate, die unseren Vorvätern und Vormüttern in den Körper gesetzt wurden und vererbt werden. Wir spüren das Implantat auf und geben die Information ein: Implantat entfernen. Es sind DNA-Implantate und keine buchstäblich hergestellten Implantate.

Unfall

Wir gehen zeitlich zurück in die Vergangenheit und schauen uns die Ursache des Problems an. Wir gehen zeitlich noch eine Stunde weiter zurück, bevor es zu der Ursache kam. Fasse nun den Entschluss:

Das Ereignis und alle Teilnehmer am Ereignis sind ihren eigenen Weg gegangen. Ich habe nicht daran teilgenommen und ich fixiere diese Information jetzt im Morphogenetischen Feld mit der Welle.

Ablagerungen entfernen

Ablagerungen in den Organen, Gehirn, und Bindegewebe (Pestizide, Fluorid, Plastik, Schwermetalle) ausleiten.

Plastik kann Krebs, Unfruchtbarkeit, Schilddrüse, chron. Schmerzen im Gewebe verursachen.

PCB Polychlorierte Biphenyle. PCB befindet sich in Gebäuden als Farben, Lacke, Fugendichtmacher, Rostschutz und unser Körper nimmt sie auf.

Fluorid befindet sich z.B. in Zahncreme. Tatsächlich ist Fluorid in großen Mengen schädlich und kann in überhöhter Dosis giftig werden und kann zu Übelkeit, Erbrechen oder Fluorose führen.

DDT Dichlordiphenyltrichlorethan befindet sich in Medizin, Kosmetika, Lebens- u. Futtermittel.

Kriegslast entfernen

Die Eltern der Kriegsenkelgeneration, die Kriegskinder, wuchsen zur Zeit des Nationalsozialismus auf und erlebten Krieg, Bomben, Flucht und Vertreibung. Hinzu kam, dass die Nazis die Jugend zu blindem Gehorsam erzogen.

Wir entfernen aus der DNA alle Kriegslasten der Ahnen aus den letzten zwei Kriegen und anschließend aller Kriege 500 Jahre zurück.

Verwünschungen

Mit einem kurzen Spruch hat man z.B. schon den Nachbarn „verwunschen" oder „verflucht", den Chef zum Teufel gewünscht oder dem Freund Hals- und Beinbruch vor dem Skiurlaub hinterher gerufen. Schon Missgunst, weil eine andere Firma den Auftrag bekommen hat, kann das Gelingen dieser Firma schwächen.

Hol dich der Teufel, fahr zur Hölle, dich soll die Seuche holen, Hals- und Beinbruch, Gott verdammt, du wirst ohne mich nie mehr glücklich sein usw. oder auch Selbstverwünschungen wie: ich habe immer Pech, ich werde wie immer kein Glück haben, sind Floskeln, die sich in unser Leben integriert haben.

Jeder kann Menschen, Tiere oder sogar Objekte verfluchen. Schlechte Gedanken und Handlungen entfachen die düsteren Fluchenergien, oft ohne, dass wir davon wissen. Das kann fatale Auswirkungen haben, weil sie Menschen für Stunden oder Jahre oder fürs ganze Leben schwächen.

Welche geleisteten Eide und Gelübde gibt es?

Armut, Keuschheit, Unterordnung von Personen und Organisationen, Unterordnung unter die Mächte der schwarzen Magie, Fahneneide, ewige Bindung an Personen und Organisationen, ewige Rache, ewiges Schweigen, ewige Verdammung und Selbstkasteiung.

Wir legen wieder die Hände auf, verbinden gedanklich beide Hände mit einem Energiestrahl, verbinden uns mit den höheren Dimensionen und geben die Information ein:

„Ich löse mich von Flüchen und Verwünschungen, die mir in diesem Leben auferlegt wurden und löse auch alle Flüche und Verwünschungen auf, die ich in diesem Leben einer Person zugefügt habe. So soll es jetzt sein mit Hilfe der höheren Dimensionen." Tief einatmen oder tief ausatmen, um die Lücke zwischen den

Gedanken zu erwischen und die Welle auslösen, indem man die Hände löst.

Schwangerschaft und Geburt

Während einer Schwangerschaft kann man wunderbar mit dieser Methode alle Vorgänge im Körper harmonisieren, wenn es zu Unpässlichkeiten kommen sollte. Wenn es wehtut, hat jeder so seine Methoden, sich vom Schmerz abzulenken. Manche denken an etwas Schönes, andere reden sich ein, dass es doch gar nicht so weh tut und andere finden die beste Ablenkung im Rückwärtszählen.

Während der Geburtswehen kann man rückwärts zählen und dabei eine Welle auslösen.

Von 1000 in Siebener-Schritten rückwärts zählen. Bei jedem Siebener-Schritt die Hände auflegen, tief ein- oder ausatmen, Harmonie eingeben und die Hände lösen. Sollte einem das Rückwärtszählen zu anstrengend sein, kann man auch nur ab und zu eine Welle mit dem Machtwort Harmonie kollabieren lassen.

Schwangere, die ich während ihrer Schwangerschaft begleitet habe, haben sehr ausgeglichene Kinder zur

Welt gebracht. Die Harmonie, die der Mutter für alle Körperfunktionen eingegeben wurde, kam auch immer bei dem Ungeborenen an.

Nach der Geburt habe ich dann auch schon einmal ein Neugeborenes zu sehen bekommen, dass ich schon im Mutterleib erfühlen konnte. Der Mutter war es wichtig, dass sie selbst und auch das Kind das Geburtstrauma aufgelöst bekommt. Mit einer kurzen Welle haben wir die Informationen harmonisiert.

Wasser energetisieren

Legen Sie ihre Hände um ihr gefülltes Glas mit Wasser und geben Sie die Information: „Wasser energetisieren" ein (Infos im Internet unter Dr. M. Emoto). So einfach geht das. Ebenso können Sie die Hände um eine Blume legen und die Information: „Heilung" eingeben (Infos im Internet unter Cleve Backster).

Einige Beispiele aus der Praxis

Vera, 53 Jahre, Thema: Schmerzen und Übergewicht

Vera war eine übergewichtige, vom Leben gebeutelte Frau. Ihr Thema war fehlendes Vertrauen in ihre Umwelt durch schmerzliche Erfahrungen, Schmerzen im Unterbauch durch zahlreiche Operationen und schlechtes Sehvermögen. Wie immer klärte ich zuerst durch Muskeltests die Miasmen ab und harmonisierte sie, die Chakren wurden in die richtige Schwingung versetzt, die Aura gereinigt und die Psyche harmonisiert. Mit Eingabe von Selbstliebe und Selbstvertrauen kamen starke Wellen zustande. Beim 2. Zusammentreffen habe ich mit ihr zusammen einen Blick in ihre Seele riskiert und alte Traumata aufgelöst, der Stoffwechsel wurde angeregt, die Hormone ausbalanciert und die Anbindung an die universellen Energien gefestigt. Es folgte noch eine 3. Anwendung, die gezielt das Übergewicht und die Schmerzen regeln sollten. Die starke Kurzsichtigkeit gingen wir mit einem Rückblick in den Mutterleib an. Schon nach kurzer Zeit bekam Vera ein selbstsicheres Auftreten, der starre unfreundliche Gesichtsausdruck war verschwunden, ebenso die Schmerzen im Unterleib und über 20 kg Gewicht. Das von Geburt an schlechte

Sehvermögen konnte nicht verbessert, aber eine Verschlechterung aufgehalten werden.

Claudia, 27 Jahre, Thema: Ehe, Kraftlosigkeit

Claudia bat mich um einen Termin für eine Familienaufstellung. Der nächste freie Termin war aber erst in sieben Wochen möglich und Eile war geboten. Sie fühlte sich hoffnungslos verlassen und gedemütigt und wollte sofortige Klärung. Deshalb empfahl ich ihr eine Matrixanwendung mit gleichzeitiger Problemlösung. Zuerst lösten wir alle Blockaden und körperlichen Symptome und stellten dann den Ehemann visuell in ihr Energiefeld. Sofort fing Claudia an zu schwanken und ging auf die Knie. Sie weinte bitterlich und hatte das Gefühl der Kraftlosigkeit. Ständige Streitigkeiten mit ihrem Ehemann hatten sie gebrochen. Ich stellte dann den Ehemann drei Meter vor ihr Energiefeld und Claudia richtete sich sofort auf und stand kerzengerade. Sie sollte sich den Ehemann in dieser Entfernung vorstellen und die negativen Bande zu ihm trennen. Als sie das tat, flog sie wie gestoßen nach hinten und fühlte sich befreit. Sie musste ihrem Ehemann (der nicht anwesend war) einige klärende Sätze sagen wie: Achte mich, ich bin deine Frau, lass uns auf Augenhöhe zusammen leben, lass uns neu beginnen, mit deinen eigenen Problemen habe ich nichts zu tun, mich trifft keine Schuld. Alle positiven Bande blieben dabei erhalten. Mit neuem Elan und Zuversicht ging sie nach Hause und eine Familienaufstellung war nicht mehr notwendig. Im morphogenetischen Feld haben wir eine neue Situation gestellt und die alte Situation damit überspielt.

Hermann, 81 Jahre, Thema: Ängste und Schwindel

Hermann hatte schon einige Ärzte und Psychologen ohne Erfolg konsultiert. Es traten immer wieder Versagensängste und Schwindel auf, sei es auch nur während einer Fahrt mit dem Fahrrad oder beim Treppensteigen. Es kamen Gedanken auf, die ihn zum Straucheln brachten. Bei der ersten Konsultierung klärte ich alle Miasmen ab und harmonisierte sie. Das tuberkuline Miasma zeigte sich ganz deutlich. Hermann erzählte mir nach der Anwendung, dass er als Kind an Tuberkulose litt und er monatelang in einer Klinik verbringen musste. Der Blick in die Seele zeigte, dass er früh seinen Vater verloren hatte und seine Hand auf der Schulter vermisste. Er vermisste seinen Beistand und seine Stärke. Hermann musste alles allein bewältigen. Auch in der Klinik fühlte er sich sehr einsam. Als er das

Bild in seiner Seele wahrnehmen konnte, bekam er Herzrasen. Jetzt im Alter haben seine Kinder die Verantwortung für ihn und seine Frau übernommen, so dass er nur noch wenig Selbstvertrauen hatte. Bei der zweiten Konsultierung habe ich ihn mithilfe von Steinherzen seine Familie aufstellen lassen und ihm mitgeteilt, wo sein richtiger Platz ist, und dass er den wieder einnehmen muss, auch wenn er nicht mehr jung und unbelastet war. Mit Matrix-Harmonia arbeiteten wir an seinem verlorenen Selbstvertrauen und bei der dritten und letzten Konsultierung sendeten wir jedem Organ die richtige Information. Nach einer schlechten Erfahrung speichert der Mensch diese Situation und entwickelt Ängste, noch einmal diese Erfahrung machen zu müssen. Besonders im Alter kommen alte Verhaltens-weisen oder abgespeicherte Traumata wieder hervor. Es entsteht eine Störung des psychosomatischen Netz-werks.

Ich gab ihm die Affirmation für die Situation eines Rückfalls mit:

„Ich stehe mit beiden Beinen fest auf der Erde".

Für jede Veränderung, die durch Matrix-Harmonia-Quantenheilung geschieht, bin ich sehr dankbar. Der Klient darf aber nicht nur machen lassen, sondern muss die Selbstheilung durch Mitwirken unterstützen. Bei einem älteren Menschen ist es auch wichtig, Körper und Bewusstsein im Einklang zu haben, damit Unsicherheiten durch die Alters-Gebrechlichkeit ausbleiben. Durch Feldenkrais (leichte Bewegungen gezielt wahrnehmen) kommt das alte Körpergefühl wieder zurück. Das habe ich ihm auch noch mit auf den Weg gegeben.

Rita, 44 Jahre, Thema: Psychische Altlasten – Missbrauch

Rita, eine Physiotherapeutin, interessierte sich aus beruflichen Gründen für meine Arbeit mit Matrix-Harmonia und vereinbarte einen Termin zum Selbstversuch. Gesundheitlich ging es ihr gut, bis auf die häufig auftretenden Blasenentzündungen. Thema war eigentlich nur Neugierde, und deshalb führte ich sie während der Anwendung in ihre Seele und sie musste erkennen, dass sie etwas verschlossen hatte und die immer wiederkehrenden Blasenentzündungen damit in Verbindung standen. Wir gingen zurück bis zu diesem verschlossenen Ereignis und räumten mit der Welle auf, damit diese Altlast sich nun auflösen konnte. Rita hatte ihren Missbrauch durch den Onkel total verschlossen. Sie sah ihn nun in ihrer Seele und wir konnten mithilfe der Matrix-Harmonia-Welle vor das Geschehen gehen und eine andere Möglichkeit wählen, damit sie nicht in diese Situation mit dem Onkel kam. Danach lösten wir Schritt für Schritt mit der Arbeit am Inneren Kind die Schuldgefühle und in einem weiteren Schritt verringerten wir die Distanz, die sie zu ihren Eltern durch die unterlassene Hilfestellung erworben hatte, auf. Rita fühlte sich damals von ihren Eltern als nicht umsorgt, obwohl die Eltern höchst wahrscheinlich nichts vom Missbrauch wussten. Ein Kind fühlt sich in so einer Situation von der ganzen Welt verlassen. Viele Tränen flossen, obwohl man doch nur aus Neugierde gekommen war. Eine Buchung der Ausbildungsseminare war für sie danach ein Muss. Mit großem Einfühlungsvermögen gelang es ihr schon nach einem Grundseminar das Erlernte in ihre Arbeit einfließen zu lassen, und nach Absolvierung des dritten Seminars durfte sie sich Matrix-Harmonia-Anwenderin nennen und die Dienste unter dem Namen anbieten.

Rolf, 47 Jahre, Thema: Unfall, Koma

Eines Tages erhielt ich einen Anruf einer entfernten Bekannten. Ihr Mann hatte vor 10 Tagen einen schweren Unfall und sofort ins Koma gefallen. Besonders betroffen war der Kopf. Die Ärzte meinten, dass er wohl nie mehr aufwachen würde. Sie fragte mich, ob ich etwas tun könne und ich schlug ihr vor, dass ich mich mit ihrem Mann aus der Ferne verbinden und ihm Heilenergien senden würde. Ich setzte mich direkt nach dem Telefonat um 10 Uhr für eine halbe Stunde in mein stilles Kämmerlein und konzentrierte mich auf seinen Kopf. Immer wieder gab ich Energien ins Gehirn, auf die Schädeldecke und die Wirbelsäule. Ich fühlte eine starke Verbindung zu ihm und nahm mir vor, dass jetzt täglich zu wiederholen. Um 13.30 Uhr rief mich meine Bekannte erneut an und teilte mir aufgeregt mit, dass sie gerade einen Anruf aus der Uniklinik erhalten hätte. Ihr Mann war entgegen aller ärztlichen Meinungen aufgewacht. Vielleich war es ja nur ein Zufall? Jeden Tag konzentrierte ich mich auf ihn und er machte kleine Fortschritte bis zu dem Zeitpunkt, als ich das Gefühl hatte, dass er die Energie nicht mehr annahm, ja sogar blockierte. An dem Tag habe ich die Energiesendungen eingestellt. Rolf blieb auf diesem Entwicklungsstand stehen und kann sich nur mit einem Rollstuhl weiterbewegen.

Lisa, 64 Jahre, Thema: Krebs

Lisa wurde eine Hüftoperation empfohlen, der sie mit anderen Heilmethoden aus dem Weg gehen wollte. Schon bei der ersten Konsultierung fiel Lisa während der Anwendung stehend in Trance. Sie war ganz weit weg, und ich spürte im unteren Rücken eine Blockade sowie auch im Unterbauch. Auch reagierte sie bei Klärung der Miasmen auf fast jeden Muskeltest. Ich hatte ein ungutes Gefühl. Lisa verwies ich auch an einen Arzt, der ihr Blut untersuchen sollte. Leider wollte Lisa nicht schon wieder einen anderen Arzt konsultieren, da man erst vor einigen Wochen ihre Hüften geröntgt hatte. Sie kam noch zweimal zu mir, und immer wieder redete ich auf sie ein, sich mal ganz auf den Kopf stellen zu lassen. Da sie aber nach jeder Anwendung Kraft schöpfte und die Schmerzen geringfügig leichter wurden, verschob sie es immer wieder. Wie sollte ich es ihr sagen, wenn ich keine Diagnosen stellen darf? Wir sprachen über die Routineuntersuchung beim Gynäkologen, die sie auch schon drei Jahre nicht mehr hat machen lassen. Ich redete ihr gut zu, dass sie auch ihr Auto zur Wartung gebracht hatte und nun sie dran sei. Sie rief mich einige Wochen später an und sagte, dass sie ins Krankenhaus zu weiteren Untersuchungen müsse, da sie an den Eierstöcken etwas hätte. Ich dachte so bei mir: Wenn das mal Alles ist. Tage später ein weiterer Anruf von Lisa.

Sie hatte schon Metastasen an der Wirbelsäule. Sie entschied sich gegen eine Operation, gegen Chemo, gegen Strahlentherapie. Ich durfte sie ab und zu in ihrem Zuhause besuchen, gab ihr ein bisschen Energie und sie lebte noch über ein halbes Jahr, bis sie in einem Hospiz ohne jegliche Schmerzmittel dem Tod begegnete. Noch dort sagte sie dem Arzt: „Wissen sie eigentlich, welche Nebenwirkungen Morphium hat und außerdem möchte ich im Jenseits mit klarem Verstand ankommen." Mit klarem Kopf und vor Schmerzen schreiend ging sie in den Tod.

Anni, 42 Jahre, Thema: Krebs

Anni kam kurz nach ihrer abgeschlossenen Chemotherapie zu mir, weil sie sich ausgelaugt und lebensmüde fühlte. Sie hatte Brust- und Eierstockkrebs. Beide Brüste, Lymphdrüsen unter einem Arm und die Eierstöcke hatte man ihr entfernt. Die noch einzunehmenden Medikamente machten sie müde und bereiteten Magenprobleme. In der ersten Anwendungsstunde besprach ich mit ihr die Ausrichtung der Denkweise, denn sie hatte sich seit mehr als 20 Jahren eingeredet, dass sie genauso wie ihre Mutter an Krebs erkranken und sterben würde. Das EINE hatte sich schon erfüllt und das Unterbewusstsein wartete auf das ANDERE. Die Ausrichtung der Gedanken bestellt im Universum das Geschehen. Wir erschaffen unser Leben oder Leiden selbst aufgrund unserer Gedanken und Lebensweise. Ich klärte alle Miasmen ab und harmonisierte sie, gab dem Körper die Anweisung zum Ausleiten aller noch vorhandenen Gifte und regelte die psychischen Defizite. Wir verabredeten einen Termin 14 Tage weiter. Ich erfuhr, dass Anni nach der ersten Anwendung wie ein Stein geschlafen hatte und ihr Mann sie mehrfach wachrütteln musste. Sie war den ganzen Tag noch sehr müde, hatte aber keine Schmerzen. Schon am 2. Tag nach der Anwendung erhellte sich ihr Gemüt und sie spürte Energie aufkommen. Die Schmerzen stellten sich allerdings nach einigen Tagen wieder ein. Ich riet ihr, sich eine Beschäftigung zu suchen, der sie während ihres Berufslebens aufgrund von Zeitmangel nicht nachgehen konnte, aber gerne wollte. Außerdem sollte sie sich bewusst werden, dass sie trotz ihrer derzeitig noch vorhandenen „Defizite" eine ganz normale Frau wäre und das Frausein wieder fühlen kann. Wir gingen intensiv auf die Schmerzen ein, regelten die Chakren, weiterhin Giftausleitung, Stabilisierung des Selbstvertrauens und Eigenliebe, machten eine kleine Reise zum Mittelpunkt der Seele und lösten alle Traumata auf, die sie während ihres Lebens gespeichert hatte. Der dritte und letzte Termin sollte in 4 Wochen stattfinden.

Anni konnte nach 4 Wochen berichten, dass sie das Malen aus ihrer Jugendzeit wieder angefangen hat und beabsichtigte, ihrem Beruf für einige Stunden im Monat wieder nachzugehen. Sie war guter Dinge. Intuitiv ging ich noch auf vorhandene Themen ein, und ich konnte Anni ruhigen Gewissens sagen, dass sie nur wiederkommen müsste, wenn sie zum Auftanken Energie benötigte. Anni hatte ihr Leben wieder im Griff und suchte mich nach einem halben Jahr noch einmal auf, weil sie nach einer schweren Erkältung auftanken wollte. Jeder Mensch, der an Krebs erkrankt, sollte täglich das Konzentrieren auf die gesunden Zellen trainieren. Es ist wichtig, dass die kranken Zellen in Vergessenheit geraten, damit man sich nicht auf den Krebs konzentriert. Auch hier gilt wieder die Macht der Gedanken. Anni stellte sich vor, wie jede einzelne Zelle wie ein Uhrpendel gleichmäßig schwingt. Nirgendwo gab es eine Zelle, die nicht richtig in Schwingung war.

Manfred, 70 Jahre, Thema: Schlaganfall

Der Schlaganfall traf ihn unerwartet hart. Manfreds linke Seite war gelähmt und das Sprechen fiel ihm sehr schwer. Manfreds Frau, die ich schon fast 10 Jahre kannte, kam mit ihm zu einem Anwendungstermin. Sie selbst hatte vor Jahren schon Anwendungen erhalten und wollte die Genesung ihres Mannes vorantreiben. Manfred selbst wusste nicht, was auf ihn zukam, als er durch meine Tür schritt. Der linke Arm hing leblos an ihm herunter und das linke Bein zog er stark nach. Ich erklärte ihm kurz meine Vorgehensweise und er nickte mir zu. Ich konzentrierte mich auf sein Gehirn. Bereiche im Gehirn, die noch nie genutzt wurden, sollten angetriggert werden, um neue Nervenbahnen zu bilden, um die abgestorbenen Nervenzellen zu ersetzen. Besonders das Sprachzentrum sollte einen Energiestoß bekommen. Ich druckte mir am PC ein Bild eines Gehirns aus und legte immer eine Hand auf das Bild, auf den Bereich im Gehirn, der Schaden genommen hatte und eine Hand auf den Kopf des Mannes. Immer wieder gab ich Energiewellen in das Gehirn. Manfred kam vier Mal zu mir und war dann soweit, seine Genesung selbst zu steuern. Er hatte verstanden, was er tun musste, um seinem Gehirn die richtigen Energieinformationen zu geben. Seine Genesung ging gut voran und sein Arzt war immer sehr erstaunt eine so gute Entwicklung zu sehen.

Jeanette, 34 Jahre, Thema: Kinderwunsch

Jeanette versuchte seit drei Jahren schwanger zu werden, so dass der seelische Stress immer größer wurde. Zuerst löste ich festsitzende Blockaden und brachte ihre Schwingung wieder in Ordnung. Danach wurde die Energie gezielt auf die Hormondrüsen gelenkt. Ich gab Jeannette Übungen an die Hand, die sie täglich einmal 10 Minuten wiederholen sollte. Jeder Mensch kann durch die Kraft seiner Gedanken Energien auf seine Organe lenken und Veränderung erwirken. Es dauerte keine 10 Wochen und Jeannette stand mit einem Blumenstrauß vor meiner Tür. Es hatte geklappt.

Tom, 7 Jahre, Thema: Lähmungen

Toms Mutter hatte nach einem langen Telefonat mit mir einen Termin für ihren Sohn vereinbart. Tom kam als ganz normales Baby zur Welt. Nach einer Impfung traten Nebenwirkungen auf, die sich dann immer mehr verstärkten. Ein Impfschaden wurde aber von den Ärzten ausgeschlossen. Unbekannte Ursache lautete es immer auf den Überweisungsformularen zu verschiedenen Ärzten. Da war Tom erst 2 Jahre alt. Die Jahre vergingen schnell und alle Kinder im Bekanntenkreis, außer Tom, wurden eingeschult. Toms Patentante hatte die Verbindung zu mir hergestellt nach dem Motto: Es kann ja nicht schaden!" Tom lebte in seiner Welt. Er schaute durch die Menschen hindurch und konnte sich kaum bewegen. Tom gab nur Laute von sich und saß in einem Kinderrollstuhl wie eine Puppe. Ich legte ihm die Hände auf sein Energiefeld und fühlte mich ein. Zuerst nahm ich Kontakt mit seiner Seele auf. Ich fragte Toms Seele, ob ich Kontakt aufnehmen dürfe. Es fühlte sich für mich stimmig an und ich begann mit der Anwendung. Ich stellte mich hinter Tom und harmonisierte alle Miasmen. Am längsten beschäftigte ich mich mit dem Vakzinose-Miasma. Ich gab den Zellen die Information alle Schwermetalle u.a. auszuleiten und alle dadurch angerichteten Schäden zu beseitigen. Chakren und Aura wurden gereinigt und ein evtl. Geburtstrauma gelöst. Danach ließ ich nur noch Energien ins Gehirn fließen. Hierzu ließ ich ca. 5 cm über seinem Kopf meine Hände liegen. Der Junge, der seine Arme nicht mehr heben konnte, hob seine Arme, um zu fühlen, was da oben über seinem Kopf passiert. Tom kam noch zu zwei anderen Sitzungen und immer wieder geschah ein kleines Wunder. Leider blieben die Fortschritte nicht lange erhalten. Tom wirkte aufmerksamer und ein kleiner Hauch mehr Bewegung war festzustellen – aber mehr durfte nicht geschehen.

Heidrun 54 Jahre, Thema: Eingeschränkte Beweglichkeit

Heidrun teilte mir kurz mit, welche Ärzte sie in den letzten 7 Jahren aufgesucht hatte, um Heilung zu erlangen. Leider ist ihre Beweglichkeit immer schlechter geworden. Ein Arzt regte die Operation der Hüfte an, was sie aber als letzten Ausweg sah. Das Laufen fiel ihr sehr schwer. Immer wieder musste sie nach wenigen Metern eine Pause einlegen. Ich gab ihr eine Anwendung in der Hoffnung auf Besserung. Da Heidrun aber kaum reagierte und ich bei ihr im unteren Bauchbereich eine große Hitze verspürte, vermutete ich Schlimmeres. Ich darf aber keine Diagnosen stellen und verweise deshalb bei solchen Vermutungen auf die Konsultierung eines Arztes hin. Das wollte Heidrun aber nicht, nicht schon wieder. Bei ihrem zweiten Besuch sagte sie mir, dass sie besser drauf sei, aber das Laufen sich kein bisschen gebessert hatte. Ich gab ihr erneut eine Anwendung und wieder den Hinweis, dass sie einen Venenspezialisten aufsuchen solle, weil sie sicherlich die Schaufensterkrankheit hätte, und ich ihr mit Matrix nicht die Venen durchpusten könne, falls sie verstopft sein sollten. Endlich war sie bereit, noch einen weiteren Arzt aufzusuchen, und rief mich nach dem Termin sofort an. Ich hätte recht mit meinem Verdacht auf Schaufenster-krankheit. Endlich könnte sie auf Heilung hoffen. Sie wurde schnellstmöglich operiert, weil zwei Venen im

Unterleib schon fast ganz zu saßen und Gefahr für ihr Leben gegeben war. Nach dem relativ kleinen Eingriff kam Heidrun mit einem schönen Blumenstrauß zu mir und sagte, dass ihr Mann die Operation gerne rückgängig machen würde, weil sie ihm nun beim Spaziergang davonlaufen würde. Matrix-Anwender haben oft ein gutes Empfinden für Unstimmigkeiten im Körper und auch dafür, ob mit Energie etwas erreicht werden kann oder nicht. Leider dürfen wir unsere Intuitionen nicht weitergeben und keine Diagnosen stellen. Im Fall Heidrun blieb mir nur der Hinweis einen Arzt aufzusuchen.

Svenja, 8 Jahre, Thema: Selbstvertrauen, Konzentration

Svenja besuchte die 2. Klasse, als sie das erste Mal mit ihrer Mutter zu mir kam. Die Mutter hatte große Bedenken, dass Svenja Vertrauen aufbauen würde, da sie noch drei Wochen vorher eine Behandlung bei einer Osteopathin boykottierte. Aber schon nach 2 Minuten schaute sie mich an und hörte mir aufmerksam zu. Ich erklärte dem Kind und der Mutter, was ich nun machen würde und bat Svenja, sich hinzustellen und die Augen zu schließen. Sachte legte ich eine Hand auf ihren Brustkorb und eine auf den Rücken. Ich verband beide

Hände intuitiv mit einem Energie-Lichtstrahl und ging ins reine Bewusstsein. Svenja fing sofort an, heftig zu schwanken. Wie immer klärte ich alle Miasmen (Verunreinigungen des Körpers) ab, harmonisierte sie und gab ihr eine Frequenznummer nach Grabovoi gegen das fehlende Selbstvertrauen ein. Diese Nummer sollte sie täglich einmal lesen, damit sich das Unterbewusstsein sofort wieder an diesen Eingriff erinnern konnte. Danach begleitete ich Svenja durch eine Traumreise in das Innere einer Pyramide zum Punkt der Archivierung. Die Pyramide sollte ihre Seele darstellen, und der Punkt der Archivierung in der Pyramide ist der Punkt in der Seele, an dem sich alle Informationen befinden. Ich ließ Svenja eine Schatztruhe öffnen, aus der viele Seifenblasen herauskamen, die gefüllt waren mit Wut, Hass, Trauer. Eine Seifenblase nach der anderen platzte vor ihrem inneren Auge, bis die Truhe leer war. Ich löste eine Welle aus und begleitete sie hinaus aus der Pyramide auf eine blühende Wiese ins Hier und Jetzt.

Im Nachgespräch sagte Svenja mir verschmitzt, dass sie aber eine Seifenblase in der Kiste gelassen hat, die dürfte niemals raus. Ich fragte sie, ob sie ihrer Mutter oder mir denn verraten würde, was das für eine Blase ist, worauf sie mit dem Kopf schüttelte. Sie wollte das „Geheimnis" nicht lüften, noch nicht!

Bei der 2. Konsultierung nach 8 Wochen kam eine aufrecht gehende, strahlende Svenja in meine Praxis. Sie hatte sich auf diesen Termin gefreut. Die Mutter erzählte mir, wie sich der Umgang mit den Freundinnen und die Schulsituation geklärt hätten. Svenja schrieb gute Noten und setzte sich zur Wehr. Auch hatte sie vor zwei Wochen der Mutter ihr Geheimnis um die zurückgelassene Seifenblase verraten. Es ging um die vor 3 Jahren verstorbene Oma, die in der Seifenblase zurückgelassen wurde. Ich klärte noch einmal die gesundheitlichen Bereiche ab und ließ sie diesmal durch einen Gang in ein Schloss wieder eine Schatztruhe aufspüren und alle herauskommenden Seifenblasen gefüllt mit pinkfarbenen Blumen zerplatzen. Svenja war auf dem besten Wege und hatte keine weitere Anwendung mehr nötig.

Sylvia, 65 Jahre, Thema: Depressionen

Sylvia war schon einige Jahre in psychiatrischer Behandlung. Die Tablettendosis wurde in der Zeit mehrfach erhöht. Ein Erfolg stellte sich aber nicht ein. Sie führte ein normales Leben und wusste nicht, warum sie immer so traurig war. Sie bat mich um einen Termin, obwohl sie nicht so recht wusste, was ich mit ihr machen würde. Ich klärte sie auf, dass ich weder eine Heilpraktikerin noch eine Psychologin war und erzählte ihr in allen Einzelheiten, was Quantenheilung bedeutet und was auf sie zukommen könnte.

Ich ging mein normales Programm mit ihr durch, Miasmen, Chakren, Aura, Ausleitung von Giften, Frequenz nach Grabovoi gegen Depressionen und dann Schritt für Schritt tief hinein in die Seele. Da ich meine Hände im Energiefeld hatte, konnte ich ebenso wie Sylvia Fragmente von sich zugetragenen Ereignissen erblicken. In verschiedenen Altersstufen, in denen wir verweilten, zeigte sich etwas, was noch heute ins Leben hineinspielt und sich negativ auswirkt. Als wir dann bis zum Mutterleib kamen und ich Sylvia fühlen ließ, wie sie sich im Fruchtwasser bewegte, sagte sie leise: „Ich bin hier nicht allein" auch ich erblickte einen kleinen Jungen neben ihr. Mögen die beiden knapp drei Monate alt gewesen sein. Mit einen Ritual ließ ich Sylvia ihren kleinen Bruder umarmen und sagen: „Ich wäre so gern mit dir aufgewachsen, ich habe dich so vermisst." Tränen kullerten Sylvia in Strömen über die Wangen. Sie hatte den Grund ihrer Traurigkeit gefunden. Mit Absprache ihres Arztes reduzierte sie die Medikation immer mehr und ist heute frei von Depressionen. Auch eine Familienaufstellung kann den Grund einer Depression aufzeigen. Wenn die ausgewählten

Stellvertreter für Geschwister eine Lücke neben dem ausgewählten Stellvertreter der Person, die an Depressionen leidet, lassen, dann zeigt sich, dass da ein Familienmitglied fehlt. Jetzt tastet man sich langsam daran herauszufinden, ob die Mutter eine Fehlgeburt hatte oder ob es sich um einen Zwilling handelt, der schon im Mutterleib verstorben ist. Auch hier kann eine Zusammenführung erfolgen und Körper und Seele können heilen.

Gisela, 46 Jahre, Thema: Wut, Antriebslosigkeit, Sucht

Gisela beschrieb ihr Elternhaus als streng. Alle Kinder hatten Angst vor dem Vater, dem schon mal die Hand ausrutschte. Gegenseitig beschuldigten sich die Kinder dann, den Vater geärgert zu haben und suchten einen Grund für die Ohrfeige. Da ein Kind immer unschuldig ist, ist auch diese Denkweise dann prägend für das Erwachsenenalter. Gisela trank gerne mal ein Glas Wein zu viel, regte sich schnell auf und bekam wenig erledigt. Sie verschob gern alles, was nicht unbedingt gemacht werden musste.

Nach Grabovoi gab ich ihr die Frequenzzahl 1414551 gegen die Sucht ein, harmonisierte alle Miasmen, reinigte die Aura, klärte jedes Chakra und machte mit ihr eine Reise zum Mittelpunkt ihrer Seele. Dort zeigte sich, dass ihr Vater der Hauptpunkt für ihre Schwierigkeiten war. Ich ließ mit der Quantenheilungsmethode ihren Vater ganz nah in ihr Energiefeld kommen und trennte dann alle negativen Verbindungen zu ihm mit der Welle. Nur die guten Verbindungen blieben erhalten.

Jedes Mal, wenn Gisela ein Glas Wein trinken wollte, las sie die Frequenzzahl und immer öfter gelang es ihr auf ein Glas Wasser auszuweichen. Ihre Wut war verflogen, weil diese Wut gegen den Vater gerichtet war und sich nun durch die Kappung der negativen Verbindung aufgelöst hatte. Ihre Trägheit veränderte sich in ein gesundes Fortbewegen. Sie meldete sich sogar zum Pilateskurs an.

Julian, 38 Jahre, Thema: Tod seines einzigen Kindes

Julian und seine Frau hatten sich nach 12 Jahren Ehe getrennt. Lange hatten sie versucht ein Kind zu bekommen. Vor drei Jahren wurde dann ihr Sohn Marius geboren. Marius hatte einen Herzfehler und wurde mehrfach operiert. Eines Morgens lag er tot in seinem Bettchen. Ein Trauma für die beiden machte sich in ihren

Seelen breit. Unausgesprochen gaben sich beide die Schuld am Tod des Kleinen, obwohl daran niemand Schuld hatte. Diesen Verlust konnten beide nicht verarbeiten und eine Zweisamkeit wurde unerträglich. Julian hörte von meinen Blicken in die Seele und von den Familienaufstellungen, die ich auch zu zweit abhielt, wenn große Diskretion wichtig war. Seine Magenbeschwerden werden Nebensache und waren bedingt durch die seelische Last. Ich kann mich noch genau an diese emotional aufgeladene Stunde erinnern. Ich erklärte Julian, dass ich zuerst einige Muskeltest mit ihm machen, Blockaden lösen und dann ganz langsam mit ihm in die Seele schreiten würde. Wir blieben beim Zurückschauen in einigen Altersschleifen hängen und klärten durch das Auslösen der Welle diese Begebenheiten. Ich entschied mich danach für das Gegenüberstellen wie in einer Familienaufstellung, damit Julian es selbst in der Hand hatte, wie weit er sich öffnen wollte. Zuerst ging ich in die Rolle seiner Frau und wir konnten alles Negative, was sich ereignet hatte, klären. Dann ging ich in die Rolle des verstorbenen Kindes und Julian konnte sich bei ihm verabschieden. Er konnte ihm sagen, was er noch zu sagen hatte. Viele Tränen liefen, die aber Befreiung bedeuteten. Ich gab ihm anschließend ein Herz aus Stein, das er zuhause irgendwo hinlegen sollte, um an diese Befreiung erinnert zu werden. Dieses Herz sollte ein Symbol sein. Ich gab ihm ein Buch über Kinderseelen, die so früh ins Jenseits gerufen wurden. Wie diese Kinderseelen dort aufgefangen werden und was mit ihnen passiert. Es ist ein gechanneltes Buch eines Mediums, was in solchen Trauerphasen sehr hilfreich sein kann.

Britta, 37 Jahre, Thema: Schuppenflechte

Bei einer Schuppenflechte kann man nicht nur mit Energien arbeiten. Die Ernährung, evtl. beruflicher Stress und die genetische Veranlagung müssen mit einbezogen werden. Alle Miasmen sind klärungsbedürftig und ein Verzicht auf Zucker, Salz, Weizen, Alkohol und Kaffee ist angesagt. Gesunde Fette sollte man essen, viel Gemüse und Obst und viel Wasser trinken. Dazu kommen die Klärung der DNA und das Abgeben dieser Schuppenflechte an die Vorfahren, die diese Veranlagung ins System gebracht haben. Nur zwei Anwendungen und Britta wusste, wie sie die Schuppenflechte in den Griff bekommen konnte.

Die Macht der Gedanken

In meiner Praxis habe ich immer wieder erfahren, dass bei Menschen, sobald sie einsehen, dass sie durch ihr Handeln und Denken erkrankt oder in diese Situation geraten sind, und die neue positive Denkweise bzw. das gezielte Erschaffen von Wünschen umsetzen, Schlag auf Schlag eine Veränderung erfolgt. Man kann das positive Denken in vielen Büchern lesen, aber die Umsetzung ist nicht immer einfach.

Durch Matrix-Harmonia-Anwendungen geht es sofort ins Unterbewusstsein. Bei den Anwendungen bleibt man immer in positiver Formulierung (man bestellt kein Kopfweh ab, sondern wünscht sich einen klaren und gesunden Kopf) und legt die Schwingung um. Die Bestellung an das Universum wird ausgesandt und wird von dort sofort erledigt.

Beispiel: Mit der Eingabe der Affirmation: „Glück und Gesundheit begleiten mich ab sofort täglich" und Auslösung der Welle, wird das sofort im Unterbewusstsein gespeichert und gleichzeitig an das Universum gesandt. Die höheren Energien registrieren diesen Wunsch auf energetischer Ebene. Wenn ich jetzt eine Zeit lang diese Affirmation aussende, wird fortwährend

Veränderung erfolgen. Sobald die Veränderung eintritt, kann man damit aufhören. Es ist dann alles im Fluss. Dieser Gedanke ist nicht neu. Schon 1927 hat Oscar Schellbach in seinem Buch: „Mein Erfolgssystem" oder in seinen Seminaren mit dem Titel „Die große Umschaltung" in seiner Schule des Erfolgs über diese andere Denkweise geschrieben und gelehrt. Er war seiner Zeit weit voraus und gilt als Begründer des Mental-Positivismus. Z.B. auf der Seite 356 (18. Auflage 1959) schreibt er: „Wenn wir sagen, Bewusstsein ist Schöpfung, so ist darunter zu verstehen, dass erst in dem Augenblick ein Gedankengang in uns schöpferisch zu wirken beginnt, wenn dieser uns wirklich vollkommen klar ist, also in seiner ganzen Tragweise wirklich bewusst ist." Seite 315: „Dass wir unser Ziel klar sehen, dass wir unbeirrt an uns glauben, dass wir wissen, dass ohne den Segen des Himmels unser Weg ein Irrweg ist." Also: Begriff und Zielklarheit muss vorliegen, damit eine Wandlung des Wesens möglich wird. Zu dieser Zeit hatte man unbewusst einen Zugang zum Universum geschaffen, indem man Religion und positive Sichtweise kombinierte. Heute sehen wir, dass wir selbst noch viel mehr dazu steuern können. Wir praktizieren bewusst Quantenheilung unter Zuhilfenahme der Religion (Glaube). Quantenheilung leistet Hilfestellung beim Wunschausrichten oder bei der Selbstheilung. Alles darf sein, alles ist möglich – ich muss nur wollen und fest davon überzeugt sein, dass mein Leben nunmehr eine positive Wendung nimmt. Es reicht nicht, sich vor zu plappern, positiv zu denken, weil erst die tiefe Überzeugung, es auch wirklich zu wollen, den Stein ins Rollen bringt. Man kann gedanklich ins Universum greifen und die Bestellung aufgeben, von nun an nur noch positive Gedanken aufzunehmen, und man wird feststellen, dass einem immer mehr Menschen mit positiver Ausstrahlung und positiven Gedanken begegnen. Somit wird die positive Einstimmung immer einfacher werden. Wenn man sich mit negativ eingestimmten Menschen umgibt, bedeutet das, dass man sie durch die eigene Denkweise angezogen hat. Du bist, was du denkst, und du erlebst, was du denkst. Kindern kann man die Thematik der richtigen Denkweise ganz einfach erklären. Sie werden nicht mit negativen Gedanken geboren. Erst wir Erwachsenen zeigen ihnen den Weg in den Negativismus. Wenn wir unseren Kindern von Beginn an den Positivismus und die richtige Aussendung unserer Gedanken und Wünsche vorleben, dann kann es zu keiner negativen Denkweise kommen. Wenn ein Kind den Satz: „Ich schaffe das" verinnerlicht hat, dann geht alles wie von selbst. Ich werde bei der nächsten Mathearbeit konzentriert mein erlerntes Wissen abrufen! Ich werde mich mit Lisa morgen vertragen! Ich werde den PC in den nächsten 3 Monaten erhalten! Ich werde beim nächsten Schwimmunterricht vom 3-Meter-Brett springen! Ich bin liebenswert! Es fällt dem Kind dann nicht vor die Füße, aber ein Weg dorthin wird frei. Ängste verschwinden und das Kind zieht dann nur noch Kinder an, die ebenfalls eine solche Schwingung aufweisen.

Wenn man eine negative Situation ändern möchte, schaut man sich die Begebenheit an, schließt Frieden damit, sendet das, was man zukünftig erleben möchte, ins Universum und freut sich auf das, was sein wird. Man schaut nicht mehr auf die negativen Erfahrungen zurück, sondern freut sich auf die Veränderung, die stattfinden wird. Schaut man immer wieder auf das Alte zurück, sendet man wieder negative Schwingungen ins Universum und kommt nicht vom Fleck. Genauso sollte man bei Krankheiten verfahren. Man schaut sich die Krankheit an, schließt Frieden damit und sendet den Wunsch auf Genesung und Gesundheit ins Universum. Anschließend freut man sich nur noch über die nahe Zukunft in Gesundheit und Glück. Gefühle beeinflussen das psychosomatische Netzwerk. Ein Feuerwerk wird in allen Zellen entfacht. Auch das Aussenden eines Wunsches in Form eines Gebetes kommt ans Ziel. Jeder Mensch sucht seinen eigenen Weg zur Wunscherfüllung. Wichtig ist dabei immer die Macht der Gedanken nicht aus den Augen zu verlieren. Positiv formuliere Sätze sind ein Muss.

Also nicht: „Ich will nicht mehr krank sein" - sondern: „Ich will ab jetzt immer gesund sein."

Und noch einmal:
Denken Sie daran, dass Sie immer bei einer Anwendung zuerst die OFFENE FRAGE stellen: Was ist die beste Energie für den Klienten/für mich? Dann können Sie intuitiv arbeiten und sich zum Schluss für die Hilfe bedanken. Was geschehen darf, wird geschehen.

Der Glaube versetzt Berge – nicht nur ein Spruch!

Im festen Glauben an die Bewegung bewege ich ALLES!

Es gibt keine Zeit, keine Schranke – nichts ist unmöglich!

Das Universum bietet uns diese Möglichkeit, ergreifen wir sie. Verbinden wir uns mit den höheren Dimensionen und erschaffen eine neue Realität für uns und für die Gemeinschaft und für die Erhaltung unserer Erde.

Nachwort:

Wenn Albert Einstein heute noch leben würde, könnte er uns noch viele Antworten geben. Seine Zitate sagen schon so viel aus und haben mich zum Nachdenken gebracht.

Albert Einstein: Zitate über das Leben

„Es gibt viele Wege zum Glück. Einer davon ist aufhören zu jammern."

„Das Schönste, was wir erleben können, ist das Geheimnisvolle."

„Der Sinn des Lebens besteht nicht darin ein erfolgreicher Mensch zu sein, sondern ein wertvoller."

„Phantasie ist wichtiger als Wissen, denn Wissen ist begrenzt."

„Lernen ist Erfahrung. Alles andere ist einfach nur Information."

„Die besten Dinge im Leben sind nicht die, die man für Geld bekommt."

„Es gibt zwei Arten, sein Leben zu leben: entweder so, als wäre nichts ein Wunder, oder so, als wäre alles ein Wunder."

„Probleme kann man niemals mit derselben Denkweise lösen, durch die sie entstanden sind."

„Es gibt keine großen Entdeckungen und Fortschritte, solange es noch ein unglückliches Kind auf Erden gibt."

„Die Welt wird nicht bedroht von den Menschen, die böse sind, sondern von denen, die das Böse zulassen."

„Ich bin nicht sicher, mit welchen Waffen der dritte Weltkrieg ausgetragen wird, aber im vierten Weltkrieg werden sie mit Stöcken und Steinen kämpfen."

„Es ist schwieriger, eine vorgefasste Meinung zu zertrümmern als ein Atom."

„Falls Gott die Welt geschaffen hat, war seine Hauptsorge sicher nicht, sie so zu machen, dass wir sie verstehen können."

Ich hoffe, die Sprüche stimmen Sie auch zum Nachdenken an.

Eine der zwei wichtigsten Ideen Einsteins war, dass die Zeit nicht immer gleich schnell vergeht. So kann zum Beispiel eine Sekunde mal länger dauern und mal kürzer. Die zweite Idee war, dass auch Längen nicht immer gleich lang sind. Ein Meter ist demnach mal länger und mal kürzer. Die Zeit und die Längen sind also „relativ", daher kommt auch der Name der Theorie.

Auf dieser „speziellen Relativitätstheorie" hat Einstein weiter aufgebaut und später noch die „allgemeine Relativitätstheorie" entwickelt. Diese bringt noch die Schwerkraft ins Spiel und die sogenannte „Krümmung von Raum und Zeit".

Auch die berühmte Einsteinformel $E = m c^2$ hat eine Bedeutung für unser Leben.

Das große „E" steht für Energie, das kleine „m" steht für Masse und das kleine „c" steht für die Lichtge-schwindigkeit. Zum Beispiel verliert die Sonne ständig einen winzigen Teil ihrer Masse und macht daraus eine riesige Menge Energie; das Licht und die Wärme, die das Leben auf der Erde erst möglich machen. Wir sind auch Energie und Masse, die sich zum Teil mit Lichtgeschwindigkeit bewegt. Wir sind Teil des großen Ganzen wie ein Rädchen im Uhrwerk. Tun wir unsere

Arbeit. Denn unsere Arbeit als Rädchen können nur wir selbst erledigen.

Nun möchte ich Sie mit den Informationen über die Quantenheilung und Anleitung zur Selbstausübung in die Unendlichkeit des Universums schicken. Holen Sie sich, was sie brauchen – es ist da.

Bocholt, den 05. Mai 2021

Christel Oostendorp, Bocholt